기독교문서선교회(Christian Literature Center: 약칭 CLC)는 1941년 영국 콜체스터에서 켄 아담스에 의해 시작되었으며 국제 본부는 미국 필라델피아에 있습니다. 국제 CLC는 59개 나라에서 180개의 본부를 두고, 약 650여 명의 선교사들이 이동도서차량 40대를 이용하여 문서 보급에 힘쓰고 있으며 이메일 주문을 통해 130여 국으로 책을 공급하고 있습니다. 한국 CLC는 청교도적 복음주의 신학과 신앙서적을 출판하는 문서선교기관으로서, 한 영혼이라도 구원되길 소망하면서 주님이 오시는 그날까지 최선을 다할 것입니다.

Re-인카운터

Re-encounter
Written by Ariel Kim
All rights reserved.
Korean Edition Copyright ⓒ 2022 by Christian Literature Center, Seoul, Korea.

Re-인카운터

2022년 4월 30일 초판 발행

지 은 이	|	김 아리엘
편　　집	|	전희정
디 자 인	|	김소영, 서민정
펴 낸 곳	|	(사)기독교문서선교회
등　　록	|	제16-25호(1980.1.18.)
주　　소	|	서울특별시 서초구 방배로 68
전　　화	|	02-586-8761~3(본사) 031-942-8761(영업부)
팩　　스	|	02-523-0131(본사) 031-942-8763(영업부)
이 메 일	|	clckor@gmail.com
홈페이지	|	www.clcbook.com
송금계좌	|	기업은행 073-000308-04-020 (사)기독교문서선교회
일련번호	|	2022-35

ISBN 978-89-341-2421-4(03230)

이 책의 저작권은 저자가 소유하며, (사)기독교문서선교회는 *Re-encounter* 한국어 번역물(2차 저작물 포함)에 한해 출판권을 갖습니다. 신저작권법에 의하여 한국 내에서 보호받는 저작물이므로 무단 전재와 무단 복제를 금합니다.

Re-encounter
Re-인카운터

김 아리엘 지음

CLC

차례

프롤로그 ········· 5

제1부 영적 분위기 ········· 13
제1장 압도적 분위기 ········· 14
제2장 영적 분위기가 바뀌고 있다 ········· 25

제2부 인 더 스피릿 ········· 36
제3장 생명의 성령의 법 ········· 37
제4장 내가 성령에 감동되어 ········· 55

제3부 Re-인카운터 ········· 65
제5장 Re-인카운터 ········· 66
제6장 다시 Re-인카운터 ········· 78

제4부 자기 부인 ········· 96
제7장 죽은 자같이 ········· 97
제8장 새 노래 ········· 109

제5부 사명 ········· 122
제9장 사명은 끝나지 않았다 ········· 123
제10장 하나님의 계획은 크다 ········· 139

에필로그 ········· 154

프롤로그

김 아리엘 목사
아르헨티나 성령의교회 담임

코로나19(covid-19)는 교회의 민낯을 드러내고 말았다.

그동안 우리는 좋은 말만 들었던 탓인지 나름대로 엄청난 프라이드(pride)로 여겼던 우리 한국 교회가 이렇게까지 약한 줄은 꿈에도 몰랐다.

성경 맨 마지막 66번째 책 요한계시록을 보면, 라오디게아라는 지역의 교회가 언급되는데, 하나님의 창조의 근본이신 예수님은 미지근한 신앙을 책망하시면서 그 교회의 실상을 공개하셨다.

> 네가 말하기를 나는 부자라 부요하여 부족한 것이 없다 하나 … 가난한 것과 … 벌거벗은 것을 알지 못 하는도다 (계 3:17).

크다고 자부했던 우리다.
남들보다 많이 가졌다고 큰소리쳤던 우리다.
끄떡없다고 어깨에 힘을 주었던 우리다.
그러나 아무도 예기치 못한 팬데믹(pandemic)은 우리의 가난한 것과 벌거벗은 실상을 있는 그대로 드러냈다.

지구 종말을 말했던 우리가 현 상황조차 감당하지 못하고, 세계 선교를 말했던 우리가 지역 교회 재정조차 유지하지 못하고, 카타콤 정신의 순교를 말했던 우리가 온라인 비대면 예배조차 겨우 접속하다니!

실망했다.

알고 보니, 이것이 우리의 모습이었다.

거울은 거짓말을 하지 않는다.

바로 지금 우리가 시급히 추구해야 할 일은 Re-인카운터(Re-encounter), 즉 예수님을 다시 만나는 것이다.

위드 코로나(with corona)를 넘어 포스트코로나(post corona) 시점을 앞둔 우리 크리스천들에게 영적인 것에 대한 무관심으로 얼룩진 현 상태(status quo)는 분명 위기다. 지금 이 세대는 주님과의 Re-인카운터를 통해 신앙의 본질로 회귀해야 한다.

인카운터와 Re-인카운터 사이에는 빈 공간, 즉 영적 갭(gap)이 있을 수 있다. 그렇지 않다면, 오늘날 전 세계의 수많은 믿는 자의 증강현실(AR: augmented reality)은 구원의 확신, 거룩한 삶, 세계 선교, 하나님 나라 이해 등 성숙한 신앙의 영역 안에 이미 들어갔어야 했다.

그러나 현실은 그렇지 않다.

아직 멀었다는 느낌이다.

'안전'이라는 이름으로 하루아침에 다가온 '통제'에 우리는 신앙의 야성을 잃고 말았다.

사도 요한의 인생을 엿보면, 갈릴리 해변에서 자신을 불렀던 주님이 다시 그를 찾아갔을 때 180도 달라진 모습을 목격할 수 있다. 이런 의미에서 Re-인카운터는 예수님을 단지 다시 만나기보다는 지금까지 경험해 보지 못한 새로운 영적 차원에서 새롭게 만나는 것을 뜻한다.

욥이 고백했듯이, 하나님을 귀로만 듣는 것과 눈으로 직접 마주 보는 것은 같을 수 없다. Re-인카운터가 파워풀한 신앙 요소로 지목되는 이유는 우리가 그동안 하나님에 대해 알고 있었던 모든 지식이 지극히 표면적이기 때문이다. 지금이라도 늦지 않았다.

우리는 지금 위기를 느끼고 있다.

이대로 가면 안 된다는 것을 공감한다.

바로 지금이 그때다!

이 책의 주인공은 사도 요한이다.

요한은 "사랑하시는 제자"(요 19:26)라고 자칭할 정도로 자신을 매우 특별하게 여기는 독특한 인물이다.

신약성경 27권 가운데 무려 5권이나 썼으니 누가 봐도 사실상 게임은 끝난 것이다. 복음에 대한 그의 소명의 불씨는 꺼진 적이 없었고, 그의 이력서는 눈부실 정도로 화려했다.

그러나 성경 맨 마지막 페이지들을 장식한 사도 요한의 모습은 사뭇 다르다.

무엇인가 어색하고 없어 보이기까지 한다.

밧모라고 하는 섬에 지금 혼자 무엇을 하고 있는지 이해가 안 될 정도로 빈티 난다.

아니 도대체 그에게 어떤 일이 있었던 것일까?

재테크에 잘못 손댔거나 코인 시장의 몰락과 함께 멘탈 붕괴가 왔거나 절친에게서 거액의 사기를 당한 사람처럼 밑바닥 인생이 되고 말았다.

이 정도가 되다 보니 주변에 사람들이 없다. 예전 같으면 테드(TED) 강연 요청이 쇄도했을 텐데, 지금은 사람들이 아예 못 알아본다. SNS에 마지막 게시물이 언제 업데이트되었는지 기억도 못 할 정도로 오래되었다. 유튜브(YouTube) 영상에는 오히려 이런 댓글이 달린다.

"누구지?
우리 할머니가 좋아했던 설교자(preacher)인 것 같은데."
"예전에는 어땠을지 몰라도 지금은 비호감."
"세대교체가 좀 빨리 되어야 한다는 것에 한 표!"

이 책의 요점은 그와 같은 사도 요한을 예수님이 다시 찾아가셨다는 것이다!
당신은 어떠한가?
어쩌면 '나는 볼 것 다 봤다' 하는 심정일 수도 있다.
하긴 교회 생활을 수십 년 한 이들에게 성경 기초가 튼튼하지 않은 성의 없는 웬만한 메시지는 오히려 유치한 가스라이팅(gaslighting)처럼 들리기도 한다.
볼 것을 다 봤고, 배워야 할 것을 다 배웠고, 알아야 할 것을 다 안다는 게시물에 나 역시 100퍼센트 공감하기에 '구독'과 '좋아요'를 누르고 싶다.
한편 이것이 아무리 우리의 현실이라고 하더라도 무엇인가 충분하지 않다는 느낌은 왜 드는 것일까?

해야 할 것을 다 해 봤다는 자기주장이 있으면서도 동시에 하나님께서 예비하신 모든 것을 충분히 누리지 못한 것 같은 이 감정은 또 무엇인가?

과연 이것이 전부인가?

아닌 것 같다.

아니, 분명 아니다.

아직 무엇인가 남아 있다.

내 인생은 이대로 끝나지 않는다.

하나님께서 나를 통해 이루실 일이 아직 남아 있다. 만일 당신이 내 말에 조금이라도 동의한다면, 이 책은 당신을 위한 하나님의 메시지다.

사물인터넷(IoT: internet of things)으로 대표되는 인공지능(AI: artificial intelligence), 즉 제4차 혁명 시대에 사는 우리이지만, 지금 이 세대가 필요로 하는 것은 더 크고 더 많고 더 화려하고 더 획기적이고 더 있어 보이는 그 무엇이 아닌, Re-인카운터, 즉 본질로 돌아가서 구원자 예수 그리스도를 다시 만나는 것이다!

이 책에 등장하는 요한은 주님의 나라가 임할 때 주의 우편 혹은 좌편에 앉게 해 달라는(막 10:37), 또는 홧김에 사마리아인들에게 불을 내리게 하겠다는(눅 9:37) 과감하면서도 당돌한 30대 나이의 요한이 아니다.

요한계시록이라는 무대에 오랜만에 모습을 드러낸 요한은 세상 사람들과 다를 바 없이 그동안 노후대책을 충분히 준비하지 못해 자책하며 하루하루를 절망 속에서 무의미하게 살아가고 있는 사람이다. 저출산, 1인 가구, 고령화 사회로 진입한 우리나라 어느 한구석에서 왠지 몇십 년 후 우리의 모습을 보는 것 같아 마음이 착잡하기까지 하다.

그런데 이런 노년의 사도 요한의 모습이 마음에 쏙 드는 것은 왜일까?

그런 거 보면, 복음서에 나타난 요한은 어딘가 모르게 낯설다. 왠지 요한과 같은 믿음의 영웅과 내 현실 사이에 엄청난 괴리감이 있는 것처럼 느껴진다.

멋지긴 한데, 무엇인가 공감이 잘 되는 부분?

그런 게 없지 않다. 그래서인지 딱 거기까지다. 복음서에 등장하는 사도 요한을 보면 볼수록 내가 무엇인가 엄청 부족하거나 믿음이 아예 없는 사람인 것처럼 느껴져서 그런지 나 스스로 비참해진다.

스크린에 비친 모습은 언제나 매력적이다. 그러나 메이크업과 조명이 사라진 무대에 '쌩얼'이 나타나듯이 밧모섬에서의 사도 요한의 모습은 이 시대를 살아가는 평범한 크리스천들의 삶을 탁월하게 반영한다.

계시록에 나타난 요한은 꾸밈이 없다.

인간의 나약함을 여실히 드러낸다.

있는 모습 그대로를 공개한다.

요한계시록 1장을 묵상하면, 왠지 사도 요한이 나를 위해 1인 방송을 해 주는 것 같아 기분이 좋아진다. 별풍선을 쏘고 싶을 정도로 완전 호감이다. 한 마디로, 밧모섬에서 힘없고 외롭게 1인 가구로 살아가는 사도 요한의 모습 속에서 나의 현재 그리고 미래의 모습을 보는 것 같다.

사도 요한은 더 이상 불 같은 성격의 소유자가 아니다.

그동안 실수도 많이 했고, 못된 짓도 많이 했다.

아마 그의 화려한 사역 이야기를 듣고자 모여든 청중이 있었다면, 그는 성공한 이야기보다 실패한 이야기를, 그것도 환한 미소와 함께 전할 수 있는 심적 여유를 가졌을 것이라고 상상을 해 본다. 이 정도 콘텐츠면 팟캐스트(podcast) 팟튜버들 긴장해야 하겠다.

대부분 우리가 원래 그렇다.

수많은 구독자에게 감동을 줄 만한 간증도 없고, 누군가에게 명함을 내밀 만한 화려한 이력을 갖고 있지도 않다.

한때 이것을 일종의 핸디캡으로 여기는 영적 분위기가 있었다. 믿는 사람들은 무조건 돈을 잘 벌고, 교회에서도 인정받고, 사회적으로도 출세하고, 병 들면 안 되고, 심지어 마음 편히 죽지도 못하는 묘한 일종의 성공 신화가 있었다.

그러나 그것은 다 옛날이야기다.

지금은 성장을 넘어 성숙을 향해 나가는 시대다.

평범해도 무방하다.

어쩌면 남들은 특별한 체험을 했거나 말도 안 되는 기적을 경험한 끝에 10만 구독자를 하루 만에 달성할지도 모른다. 그 자체로만 보면 나쁠 것 하나도 없다. 그러나 이 지구에 수십억 절대 다수의 크리스천들은 노년에 이른 사도 요한과 같이 평범하게 살고 있다.

믿음이 없는 건가?

그렇지 않다.

요한계시록은 지구 종말을 다루는 굉장한 책이다. 그러나 이런 예언이 글로 옮겨지기 전에 예수님은 요한을 찾아가 다시 만나 주셨다.

즉, 계시 전에 Re-인카운터가 있다!

그러므로 안에 있는 것을 밖에서 찾지 말자.

내적인 것에 무관심한 채 외적 화려함만을 추구하지 말자.

하나님으로부터 칭찬을 받기보다는 사람의 인정을 받는 것에 혈안이 되어 있지 말자.

지금까지 그랬다면, 나갔던 자리에서 오리지널(original)로 돌아오라. 그리고 모퉁이 돌 되시는 예수님과 깊은 Re-인카운터를 체험하라.

이 책은 리더십의 아웃사이더(outsider)들을 위해 특별히 제작된 글이다. 다른 이들이 박수갈채를 받는 것을 보기만 하고, 어디를 가도 맨 뒷좌석에 앉고, 과거의 트라우마를 극복하지 못한 채 아픔과 씨름하는 하루하루를 보내고, 이 세상 어디선가 우울증과 무기력증에 시달리는 수많은 무명의 크리스천 말이다.

그들 역시 예수 그리스도의 군사들이다!

사도 요한이 그러했듯이, 당신의 이름을 부르신 이와 다시 만나는 것처럼 극적인 일은 없을 것이다. 지금까지 경험해 보지 못한 새로운 영적 차원에서 예수님과의 Re-인카운터를 체험하라. Re-인카운터를 맛본 이들은 더 이상 매너리즘(mannerism)에서 헤매지 않는다. 그 대신에 자신의 꿈을 철저히 포기하고 하나님의 비전에 목숨을 건다.

제1부
영적 분위기

제1장 압도적 분위기

제2장 영적 분위기가 바뀌고 있다

제1장

압도적 분위기

> 예수 그리스도의 계시라 이는 하나님이 그에게 주사 반드시 속히 일어날 일들을 그 종들에게 보이시려고 그의 천사를 그 종 요한에게 보내어 알게 하신 것이라 (계 1:1).

1. 내 인생 여기까지구나!

나는 파일럿(pilot)이라는 직업에 대해 1도 모르는 사람이다. 그러나 지난 수년간 해외 집회를 다니면서 약 1백만 킬로미터 이상은 비행하지 않았나 하는 생각이 들 정도로 아마 좀 타 봤다고 하는 이들 측에 속할 것이다.

코로나19 팬데믹이 시작되기 직전에 있었던 일이다.

중미에서 은혜 충만한 성회를 마치고 집으로 돌아오던 와중에 페루 리마(Lima)공항에서 경유하게 되었다 경유를 하루 이틀 경험해 본 것도 아닌지라 몇 시간 안 있으면 집에 도착해 쉴 수 있을 것이라는 들뜬 마음에 부에노스아이레스(Buenos Aires) 행 비행기에 몸을 실었다.

자정을 넘겨 깊은 잠에 곯아떨어지려고 하는 순간 기장이 안내 방송을 했다.

> 승객 여러분, 저희는 곧 안데스(Andes)산맥을 통과할 예정인 관계로 안전벨트 착용 여부를 다시 한번 확인해 주시기 바랍니다. 그라시아스(gracias)!

안데스는 지구상에서 가장 길게 뻗어 있고, 아메리카 대륙에서 해발이 가장 높은 산맥으로 길이가 약 7천 킬로미터이며, 전 세계 산악인들 사이에서 유명한 해발 7천 미터의 아콩카과(Aconcagua)가 있다.

화장실 사용이 잠시 중단된다는 것 외에 별다른 주의사항이 없었기 때문에 나는 별생각이 없이 안전벨트를 다시 한번 확인한 후 안대를 착용했다. 그리고 공항에 도착하자마자 처리해야 할 일들을 놓고 깊은 묵념에 빠졌다.

1만 미터 상공을 날아가고 있다는 것에 특별한 의미를 부여하지 않은 채 말이다!

약 150명의 승객이 깊은 잠에 빠진 사이에 항공기는 아무런 예고 없이 '쿵' 소리가 나는 동시에 순식간에 롤러코스터(roller coaster)처럼 하락했다. 바로 그날 보도된 인터넷 뉴스에는 1초도 안 되는 찰나에 약 300미터를 하강했다는 글이 실리기도 했다. 약 15명의 승객은 안전벨트 부주의로 항공기 천장에 부딪혀 타박상을 입고 일부는 머리가 깨지거나 목 통증을 호소하기도 했다.

내가 <패닉 온 디 에어>(*Panic on the Air*) 영화의 주인공이 되다니!

손과 등에 식은땀이 좔좔 흘렀다.

사실 나는 안전벨트를 꽉 조여 매지 않는 안 좋은 습관을 지니고 있었다. 어느 정도의 여백을 두면 아무래도 양옆으로 몸을 움직일 때 좀 편안하다는 생각 때문인데, 나 역시 30센티미터 정도 '붕' 떴다. 순간 사방에서 비명 소리가 들려왔다.

다친 이들의 구조 요청과 어린아이들의 울음소리는 우리가 알고 있던 여느 비행 분위기와 매우 달랐다. 그런데 더욱더 나를 당황스럽게 한 것은 기장을 포함한 승무원들의 미숙한 대처와 불안한 표정이었다.

아무도 예기치 못한 난기류는 약 30분 동안 지속했다. 말이 30분이지, 바로 이럴 때 '30년 늙었다는 말을 하는가 보다' 했다. 얼마 안 있어 사람들의 비명 소리는 기도로 바뀌었고, 바로 내 뒷좌석에는 피부가 까무잡잡하고 체격이 왜소해 보이는 정장 차림을 한 청년이 떨리는 목소리로 소리치기 시작했다.

"하나님, 내가 하나님의 말씀을 전하려고 가는 것인데, 이게 어찌 된 일입니까?"

젊은 설교자였던 것 같다.

하나님께서 그의 기도를 들어주신 것일까?

19인치 휠(wheel)이 장착된 자동차로 새 아스팔트가 깔린 고속도로를 주행하는 것처럼 기내가 잠잠해졌다. 그러나 분위기는 이미 아수라장이 되고 말았다. 엎지른 커피, 깨진 유리 파편, 부서진 휴대폰, 그리고 선반에서 떨어진 기내 가방 등 이미 복도는 전쟁터가 되어 있었다. 바로 내 옆에 탑승했던 아내 머리 위로는 형광등이 떨어지고 말았다. 아니 정확하게 말하면, 어깨를 약간 스쳐 복도에 떨어져 파편을 조금 맞는 사고를 당했다.

안도의 한숨을 쉬고 있는 사이에 또다시 기장이 안내 방송을 하기 시작했다.

"승객 여러분, 난기류 지역을 아직 다 통과하지 않았으니 안전벨트를 다시 한번 확인해 주시기 바랍니다."

안내 방송이 끝나자마자 항공기가 또다시 헤비급 복싱선수에게서 강한 펀치를 맞듯이 좌우 상하로 마구 흔들리기 시작했다. 바로 그 순간 들린 기장의 멘트는 모든 승객을 패닉(panic) 상태로 휘몰아 넣고 말았다.

"승객 여러분, 제가 경고했잖아요. 다들 안전벨트를 매라니까요!"

'세상에! 뭐 이런 기장이 다 있어?

목적지까지 안전하게 모시겠다고 말해 놓고, 이건 또 뭐지?

불편을 끼쳐 죄송하다고 해도 모자랄 판에.

뭐?

안전벨트를 매라니까요?'

이렇게 불안한 톤으로, 그것도 승객들에게 책임을 돌리는 듯한 불쾌한 멘트는 태어나서 처음 들어봤다. 몇 년이 지났지만 지금 다시 떠올려 봐도 아찔하다. 기장은 어떤 상황이 와도 평상심을 잃지 말아야 하는데, 당황한 기색이 역력했다.

파일럿의 경력 부족이었을까?

기체 결함?

기후 변화?

잘 모르겠지만, 무엇인가 통제 불능의 상태인 것만큼은 틀림없었다. 새벽 2시에 시작된 극심한 터뷸런스(turbulence, 난기류)는 150명의 승객을 공포로 몰아넣었다. 안데스산맥 상공의 거친 바람 소리에 따라 노즈콘(nose cone)이 갈피를 잡지 못해 마구 흔들리는 광경은 난생 처음 겪었다. 순간 나는 비행기가 아닌 언제 터질지 모르는 힘없는 풍선을 탑승하고 있다는 기분에 문득 이런 생각이 들었다.

'내 인생, 여기까지구나!'

2. 잠잠하라 고요하라

필요 이상으로 긴장했던 탓인지 다리 근육에 모든 힘을 끌어모았다. 그리고 사랑하는 아내와 이별하기라도 하듯 말없이 손을 꼭 잡았다. 서로의 표정만 봐도 무슨 말을 하려고 하는지 잘 아는 눈치였다.

곧이어 광풍을 만나 예수님께 살려 달라고 간청했던 제자들의 모습이 문득 생각났다. 그리고 우리 주님께서 하신 말씀을 수백 번이고 반복하며 되뇌었다.

잠잠하라 고요하라 (막 4:39).

언젠가 내 이름 석 자가 쓰인 묘비가 없어도 괜찮다는 생각을 해 본 적이 있다. 항공 사고로 인생을 마감하는 것도 나름대로 낭만적일 수도 있다고 생각했다. 그 이유는 고통 없이 죽을 수도 있다는 짧은 생각 때문이었다.

그런데 틀려도 이렇게 틀릴 수가!

이런 일을 직접 겪어 보니 테러 혹은 추락과 같은 항공 사고로 생을 마감하는 것처럼 끔찍한 일이 없다고 자신 있게 말할 수 있다. 멀리서 보면 순간일지는 몰라도 탑승하고 있는 승객의 입장에서 보면 1분이 하루처럼 느껴질 정도로 정말 고통스럽다.

결국, 만신창이가 된 비행기는 에세이사(Ezeiza)공항에 착륙(landing)을 하긴 했지만, 뉴스는 인터넷을 통해 순식간에 전국으로 퍼지고 말았다.

난기류에도 여러 세기가 있다고 한다. 안전벨트 사인이 켜지는 라이트(light) 터뷸런스, 기내식 서비스가 중단되는 머더레이트(moderate) 터뷸런스, 이동할 수 없고 고정되지 않은 물건이 떨어지는 시비어(severe) 터뷸런스, 그리고 통제할 수 없는 익스트림(extreme) 터뷸런스가 있다는 글을 어디서 읽어 본 적이 있다.

항공사 측은 '머더레이트' 수준의 난기류를 겪었다고 통보함으로써 피해에 따른 책임을 회피하려는 태도를 보였으나 TV를 통해 생중계된 승객들의 입장은 달랐다.

며칠 동안 안정을 취한 후 지인 중에 조종사가 있어 문의해 보니 난기류 때문에 항공 사고가 날 확률은 매우 낮지만, 짧은 경력에 따른 기장의 미숙한 대처 능력 등을 포함한 여러 요인이 끝내 추락 사고를 유발할 가능성이 있다고 말해 주었다.

여기에서 포인트는 15명이 타박상을 입고, 25명이 공항에 도착하자마자 119에 실려 가는 일이 벌어졌으며, 해당 항공기는 끝내 극심한 손상을 입어 그날 뜨지 못하고 정비를 받아야 했다는 것이다.

진짜 죽는 줄 알았다.

처음 난기류를 만났을 때는 구토 현상으로 그치겠구나 하는 생각을 했지만, 1시간이 지나도 터뷸런스가 잠잠해지지 않자 삶에 대한 희망을 잃고 말았다.

타박상을 입은 승객들의 고함, 승무원들의 불안한 표정 그리고 주변에 무질서하게 널린 물건과 파편들을 보면서 '내가 이 상황에서 할 수 있는 일이 아무것도 없구나' 하는 생각이 들었다.

죽음을 앞둔 의외의 그리움은 '일상'이었다.

상쾌한 공기를 마시면서 아침을 맞이하는 것, 기지개를 켜며 듣는 아이들의 조잘거리는 대화, 토스기에서 구워지고 있는 빵 냄새, 프라이팬에서 달걀부침이 지글지글하는 소리 등 평범한 일상이 너무나도 소중하고 행복하게 마음에 와닿았다.

그런데 한순간에 모든 것을 잃을 수도 있다는 생각에 인생이 참 허무하게 느껴졌다. 그때 당시 기내의 분위기는 공포, 죽음, 절망으로 물들어 있었다.

이렇듯 분위기는 우리를 압도한다. 어떤 분위기든, 일단 압도당하기만 하면 사람은 평소와 다른 행동을 보이기도 한다.

그래서일까?

하나님은 영적 분위기를 바꾸심으로써 우리를 특정 방향으로 강권적으로 이끌어가시기도 한다.

3. 희망의 분위기

지난 2010년 8월 5일 전 세계는 칠레의 어느 한 구리광산 600미터 지점에 일어난 붕괴사고로 인해 충격에 빠졌다. 다행히 갱도가 무너지기 직전 33명의 광부는 지하 688미터에 위치한 긴급 대피소로 피해 목숨을 간신히 건졌다.

그러나 기뻐할 수만은 없는 일이었다.

목숨을 건졌을 뿐, 죽는 것은 시간 문제였다!

얼마 안 있어 다른 지점에서 또 다른 추가 붕괴 사고가 발생했다. 엎친 데 덮친 격이었다.

광부들은 식량을 아끼기 위해 이틀에 한 번 조금의 식량을 쪼개 나눠 먹었다. 39도의 무더위는 상황을 더욱더 악화시켰다. 그러나 17일 후 33명의 광부가 전부 생존해 있다는 소식에 온 세상에 퍼지자 희망의 불씨가 다시 번지기 시작했다.

칠레 정부는 대대적 구조작전을 펼쳤다. 일단 탐사 구멍을 뚫어서 지하 700미터에 있는 광부들에게 산소, 식량, 식수, 의약품을 공급하는 것이 시급했다.

일차 작전은 성공했다. 그러나 광부들을 구조하기 위해서는 기존의 13센티미터가 아닌 구조용 캡슐이 통과할 수 있는 더 크고 넓은 직경의 탐사 구멍을 뚫어야 했다.

아니나 다를까, 시간과의 싸움이 관건인 그때 수차례 탐사 구멍을 뚫었으나 빈번히 허탕을 치고 말았다. 생각보다 일이 풀리지 않아 정부의 한 고위관계자가 비관적 전망을 비추자 여론으로부터 비판을 받는 해프닝도 벌어졌다.

그때 상황을 지켜보면서 나는 매우 흥미로운 사실을 하나 발견했다. 그것은 다름 아닌 광부들의 가족들이 보낸 동영상이었다. 사랑하는 아내 또는 자녀들의 얼굴을 본 광부들은 눈물을 글썽인 채 환호하며 기뻐했다.

암울한 분위기는 순식간에 희망으로 변했다. 결국, 69일 만의 사투 끝에 33명의 광부는 시편 95편 4절의 말씀이 새겨진 티셔츠(T-shirt)

를 입고 세상에 나왔다.

> 땅의 깊은 곳이 그의 손안에 있으며 산들의 높은 곳도 그의 것이로다 (시 95:4).

앞서 살펴보았듯이, 우리 인생에는 마음에 지울 수 없는 흔적을 남기는 극한의 상황, 절망적 분위기, 예사롭지 않은 영적 분위기가 있다. 예수 그리스도는 세상 종말을 알리기 위해 그의 천사를 사도 요한에게 보내셨다. 또 다른 하나의 메시지가 아니었다.

인류 역사상 지금까지 그 누구도 받아 보지 못한 종말에 관한 말씀이었다. 이 때문인지 우리 주님은 이미 90세의 고령이 되어 인생에 대해 아무런 기대가 없던 요한을 위해 밧모라고 하는 외딴 섬을 예비하셨다.

당신의 상황은 어떠한가?

하나님께서 그 어느 때보다 가까이 계시다는 것을 느끼지는 않는가?

평소에 체감하지 못했던 비범한 역사가 지금 당장 일어날 것 같은 그런 분위기가 주변에 형성되지는 않았는가?

꼬인 것이 풀리고, 막힌 것이 뚫리고, 상한 것이 회복되며, 마른 뼈가 살아날 것 같은 이 감정은 도대체 무엇인가?

이 정도가 되면, 누구나 영적 세계에 대해 민감해질 수밖에 없다.

우리의 영적 와이파이(wifi) 속도가 평소보다 100배 빨라진 느낌이 든다. 하나님께서 전해 주고자 하시는 파일(file)이 척척 우리 심령에 저장된다.

확실하게 무엇이라고 말로 표현할 수가 없다.
무엇인가 바뀐 것 같은데, 무엇이 어떻게 변화되었는지 잘 모른다.
내 안에 무엇인가 꿈틀거리기 시작한다.
하나님의 임재가 그 어느 때보다 강력하다.
눈에 보이진 않지만, 주의 성령께서 지금 운행하고 계심이 확실하다.
영적 분위기가 다르다.
주파수가 바뀌었다고나 할까?
무엇인가 심상치 않지만, 예전과는 확실히 다른 긍정적이고 밝고 좋은 느낌이다. 아니, 이건 단순한 긍정의 에너지가 아니라 내 마음에 하나님을 경외하게 하는 거룩한 분위다.
마침내 하나님께서 모습을 드러내신다.
시내산에서 모세가 만난 하나님이 이런 분위기 가운데서 나타나셨을까?
무엇인가 나에게 하실 말씀이 있는 것 같다.
뭔지 모르지만, 알 것 같다.
때가 꽉 찼다.
바로 이때 요한은 등 뒤에서 말을 걸어오시는 분에게 질문했다.
"주님?
예수님 맞죠?
오랜만에 저를 다시 찾아오신 것 맞죠?"

주 성령 여기 계시네
모든 것 변화시키네
주 임재 우리 느끼네
주 성령 여기 계시네

The atmosphere is changing now
For the Spirit of the Lord is here
The evidence is all around
That the Spirit of the Lord is here

넘치게 하소서 주의 사랑으로
날 감싸소서
우리 예배 안에 주의 사랑 안에
날 덮으소서

Overflow in this place fill our hearts with your love
Your love surrounds us
You're the reason we came to encounter your love
Your love surrounds us

제2장

영적 분위기가 바뀌고 있다

> 나 요한은 너희 형제요 예수의 환난과 나라와 참음에 동참하는 자라 하나님의 말씀과 예수를 증언하였음으로 말미암아 밧모라 하는 섬에 있었더니 (계 1:9).

1. 밧모섬

밧모는 에베소에서 남쪽으로 약 90킬로미터에 위치한 스포라데스 군도(Sporades group)의 한 섬으로 오늘날에는 팔모사(Palmosa)로 알려진 길이 17킬로미터, 너비 10킬로미터밖에 안 되는 작은 섬이다. 과거에는 범죄자들이 강제노동을 하는 일종의 유배지였다. 요한은 복음을 전했다는 이유 하나만으로 이곳으로 끌려왔다.

요한은 혼자다.

의지할 곳이 없다.

그의 사역을 적극적으로 후원했던 다른 사도들은 이미 하늘나라에 가고 없다.

체력은 이미 고갈된 상태고 모든 것이 최악이다.

그는 더 이상 갈릴리를 중심으로 예수님을 따라다녔던 30대의 청년이 아니다. 역사가들에 따르면, 요한은 도미티아누스(Domitianus) 황제에 의해 AD 95년에 밧모로 유배되었으니 "우레의 아들"이라고 불렸던 파란만장한 시절이 역사의 흐름과 함께 잊힌 지 오래다(막 3:17). 한마디로 그는 극히 연로하고 쇠약한 노인일 뿐이다.

복음서에 나타난 요한과 계시록에 나타난 요한 사이에는 무려 약 60여 년이라는 공백이 있다!

한 세대를 30년으로 본다고 가정했을 때 60년이면 예수님께서 부활하신 이후로 이미 두 세대가 지나가고도 남는 엄청난 세월이다.

2. 사랑하시는 제자

솔직히 말해, 과거에 그렇게 잘 나갔던 사도 요한이 이렇게까지 밑바닥 인생을 살게 될 줄은 아무도 예측하지 못했을 것이다.

밧모섬에서 자유가 박탈된 채 노예의 모습으로 살아가는 요한을 보고 누가 한때 예수님을 따라다녔던 제자라고 상상이나 하겠는가?

예전의 사도 요한의 모습과 너무나도 대조된다.

눈을 씻고 다시 봐도 믿어지지 않는다.

예수님의 사역에 있어 사도 요한은 예수님의 품에 눕기까지 한 매우 특별한 제자였다.

> 예수의 제자 중 하나 곧 그의 사랑하시는 자가 예수의 품에 의지하여 누웠는지라(요 13:23).

이것이 전부가 아니다.

그는 베드로 그리고 야고보와 함께 다른 제자들이 누리지 못하는 특권을 누렸다. 그중 하나가 변화산 사건이다.

> 엿새 후에 예수께서 베드로와 야고보와 요한을 데리시고 따로 높은 산에 올라가셨더니 그들 앞에서 변형되사(막 9:2).

'요한'(John)이라는 이름이 눈에 띄는가?
사실 얼마나 영광스러운 광경인가?
예수님의 영광의 광채가 얼마나 찬란했으면 마가는 "세상에서 빨래하는 자가 그렇게 희게 할 수 없을 만큼 매우 희어졌더라"(막 9:3)라고 묘사하기까지 했다.

예수님의 얼굴이 얼마나 해같이 빛났으면, 그의 옷이 얼마나 빛과 같이 희어졌으면 제자들은 손으로 눈을 가리지 않으면 안 되었다.

뜬금없이 베드로는 초막 셋을 짓겠다고 나섰다. 하나는 주를 위해, 하나는 모세를 위해, 하나는 엘리야를 위해. 그러나 베드로만 이런 생각을 품은 것은 아니었을 것이다. 요한도 같은 생각을 했을 것이 틀림없다.

난생처음 보는 거룩한 풍경이었다. 세상의 모든 영광이 예수님께 집중되었다. 0.1초라도 좋으니, 거액을 지불해도 좋으니, 우리 역시 사도 요한의 자리에 있었으면 하는 마음이 크리스천이라면 누구도 공감할 것이다. 아마 예수님의 변형된 모습은 요한의 기억 속에 오랜 세월 동안 간직되었으리라. 그러나 사실 변화산 사건은 약 60년 이후에 임할 영광의 서막에 불과했다.

예수님께서 회당장 야이로의 딸을 살리실 때도 요한은 기적의 현장에 있었다.

> 베드로와 야고보와 야고보와 형제 요한 외에 아무도 따라옴을 허락하지 아니하시고 (막 5:37).

계속해서 요한이라는 이름이 표기된다.
겟세마네 동산에서도 요한은 예수님과 가까이 있었다.

> 베드로와 야고보와 요한을 데리고 가실새 심히 놀라시며 슬퍼하사 (막 14:33).

여기에 또다시 요한의 이름이 강조된다.
알 것을 다 아는 요한이다.
볼 것을 다 본 요한이다.
이제 그에게는 새로운 것에 대한 기대가 없다. 형제 야고보와 함께 가버나움에서 물고기를 잡다가 주님의 부르심을 받고 야심만만한 사역을 시작한 청년기의 모습과는 사뭇 다르다. 그의 모든 야망은 사랑으로 변화된 지 오래다.

그러나 알고 보면, 이 모든 것은 하나님의 은혜였다. 주님께서는 임박한 하나님의 나라를 보이시기 위해 그를 마음이 가난한 영적 분위기로 강권적으로 이끄셨다. 마침내 영적 분위기가 절정에 이르렀을 때 하나님께서는 장차 일어날 일들에 대한 계시를 허락해 주셨다.

3. 세속적 분위기

오늘날 많은 사람은 변화하고 있는 영적 분위기를 감지하지 못하며 산다. 오히려 세속의 분위기 가운데 죄를 지으면서 산다. 소돔과 고모라 시대와 같이 사람들은 이런 변명을 늘어놓는 듯하다.

"다들 하는데요.

나만 이런 게 아니라고요!

요즘 이 정도도 안 하는 사람이 있나요?"

알고 보면, 이 같은 세속적 분위기는 엄청난 파괴력을 가지고 있다. 디베랴 호수에서 베드로가 내뱉은 한마디는 각종 인터넷 포털 사이트에 '실시간 검색어 1위'를 기록할 정도로 사회에 커다란 충격을 안겨 주었다.

> 나는 물고기 잡으러 가노라 (요 21:3).

사역 초기 때 하루는 소규모 기도 모임을 인도하고 있었다. 한참 설교를 하고 있던 도중 위의 구절을 언급했다.

"베드로는 말했습니다. 나는 물고기 잡으러 가노라!"

그러자 졸고 있던 어느 한 권사님이 크게 "아멘!"이라고 소리쳤다. 순간 당황한 나머지 할 말을 잃고 말았다. 원래 '아멘'이 나오면 안 되는 문장에 '아멘'이 나왔으니 순간적으로 멘붕에 빠졌다.

그 이후로 '가노라'도 '가노라' 나름이기 때문에 모든 '가노라'를 옛 부흥사들을 모방해 컬컬한 목소리 톤으로 낮게 깔면(?) 안 된다는 것을 깨닫고 지금도 높낮이 조절에 주의하려고 안간힘을 쓴다.

생각해 보면, 우리는 어떤 내용인지도 모른 채 '아멘'으로 화답하는 경우가 종종 있다. 베드로의 경우, 물고기를 잡으러 간다는 말은 어떤 주석서를 봐도 은혜가 되지 않는 망언이다. 베드로는 예수님을 세 번이나 부인했으니 회개하고 돌아섰어야 했다.

그러나 물고기 잡으러 간다는 말은 다르게 해석하면, '난 어부의 생활로 돌아가겠다'라는 뜻이다.

하나님은 뒤로 물러가는 이들을 절대 기뻐하지 않으신다고 했다. 베드로의 말 한마디가 얼마나 큰 파괴력을 가져왔는지를 눈여겨보라.

우리도 함께 가겠다(요 21:3).

가끔 남의 믿음을 업그레이드(upgrade) 해도 모자란 판에 오히려 다운그레이드(downgrade) 하는 사람들과 마주칠 때가 있다.

어느 한 가장의 경우, 자기만 교회에 안 나가면 그만인데, 온 가족으로 예배를 못 드리게 만드는 경우가 그렇다. 베드로는 그와 함께 있는 동료 제자들의 믿음을 눈 깜짝할 사이에 다운그레이드를 해 버리고 말았다.

뜬금없이 그룹채팅방에 근거 없는 폭탄선언을 한 후 퇴장하는 것과 무엇이 다른가?

트위터(Twitter)에 독기 가득한 한 줄 쓴다는 것이 이렇게까지 큰 파급효과를 가져올 줄이야!

예수님께서 자기를 사람 낚는 어부로 삼으셨으니 땅끝까지 복음을 전하자 하는 것이 아니라, '모든 연락처 삭제하기'를 선택했으니 주변에 있던 제자들은 혀를 차고 고개를 흔들었을 것이다.

세속적 분위기는 영적 감각을 무기력하게 만든다.

죄는 믿음을 약화한다.

불순종은 영적 눈을 가린다.

하나님은 우리에게 '정복하고 다스리는' 권세를 부여하셨다(창 1:28). 그러나 타락 이후 그 같은 축복은 더 이상 발견되지 않는다(창 9:1). 정복하고 다스리는 권세를 박탈당하고 말았다.

예수님은 마귀의 일을 멸하기 위해 오셨다. 그러므로 예수님은 인간이 빼앗긴 '정복하고 다스리는' 권세를 되찾으셨다.

그러므로 세속적 분위기 가운데서 죄를 짓지 말라.

그곳에 계속 머물러 있어야 할 이유가 전혀 없다.

영적 힘을 빼앗는 사람들을 멀리하라.

세속의 알고리즘(algorithm)을 과감하게 끊어라. 계속 같은 콘텐츠를 보면, 우리의 뇌는 세상이 그렇게 돌아가는 줄로 착각하면서 존재하지도 않는 메타버스(metaverse)를 형성한다.

이제부터는 새로운 단어를 검색하라.

거룩한 것을 찾으라.

생명과 활기를 불어넣는 영상으로 당신의 마음을 재설정하라. 무엇보다 하나님의 말씀에 순종하고, 주의 성령께서 당신의 삶 속에 다시 운행하실 수 있도록 거룩한 영적 분위기를 만들라.

4. 영적 분위기

세속적 분위기가 상당한 파괴력을 지녔다면, 영적 분위기는 그에 버금가는 엄청난 생명력을 지니고 있다.

회당장 야이로의 에피소드(episode)로 돌아가서 그 말씀을 더욱 깊이 있게 묵상해 보면, 예수님은 베드로와 야고보와 요한만 데리고 방 안으로 들어간 것이 아님을 발견하게 된다.

> 그들이 비웃더라 예수께서 그들을 다 내보내신 후에 아이의 부모와 또 자기와 함께 한 자들을 데리시고 아이 있는 곳에 들어가사 (막 5:40).

즉, 아이의 부모가 동반되었다.
그러자 믿음의 에너지가 그 방에 끌어모아졌다.
방 밖의 분위기는 슬픔과 죽음, 눈물과 절망이었다.

> 아직 예수께서 말씀하실 때 회당장의 집에서 사람들이 와서 회당장에게 이르되 당신의 딸이 죽었나이다 어찌하여 선생을 더 괴롭게 하나이까 (막 5:35).

> 회당장의 집에 함께 가사 떠드는 것과 사람들이 울며 심히 통곡함을 보시고 (막 5:38).

예수님은 사망의 분위기를 생명의 분위기로 바꾸셨다. 그리고 말씀을 던지셨다.

> 달리다굼 … 소녀야 일어나라(막 5:41).

그러자 영적 분위기가 변화되었다. 은혜가 충만한 분위기 가운데서는 반드시 놀라운 믿음의 기적이 나타난다. 이 사건을 목격한 베드로는 이 놀라운 영적 법칙을 깨달았다.

그는 이 때문에 룻다에 이르렀을 때 욥바에 있는 여제자 도르가가 병들어 죽었다는 소식을 듣자마자 그는 서둘러 갔다. 욥바에 발을 들여놓자마자 그가 한 일은 슬픔의 눈물을 흘리고 있던 모든 과부를 밖으로 내보내는 것이었다.

> 베드로가 일어나 그들과 함께 가서 이르매 그들이 데리고 다락방에 올라가니 모든 과부가 베드로 곁에 서서 울며 도르가가 그들과 함께 있을 때에 지은 속옷과 겉옷을 다 내보이거늘 베드로가 사람을 다 내보내고 무릎을 꿇고 기도하고 돌이켜 시체를 향하여 이르되 다비다야 일어나라 하니 그가 눈을 떠 베드로를 보고 일어나 앉는지라 베드로가 손을 내밀어 일으키고 성도들과 과부들을 불러 들여 그가 살아난 것을 보이니 온 욥바 사람이 알고 많은 사람이 주를 믿더라(행 9:39-42).

여기서 "사람을 다 내보내고"라는 구절에 포커스(focus)를 맞추라. 세속적 분위기는 우리를 압도함으로써 겁먹게 만든다. 이 때문인지 우리에게 다가오실 때 예수님께서는 먼저 우리 주변 분위기에 변화를 꾀하신다. TV를 켜자 날씨채널(the Weather Channel)에 "맑음"이 뜬다. 얼마 전까지만 해도 분명히 엄청난 강우량이 예보되었는데 말이다. 이러면 생각이 바뀐다.

어쩌면 당신이 처한 분위기가 밧모섬과 같을 수도 있다.

요한에게는 외딴 섬이었지만, 당신에게는 숨이 막히는 현실 또는 환경일 수도 있다.

그러나 하나님은 사망을 생명으로, 저주를 축복으로, 세속적 분위기를 영적 분위기로 바꾸시고 모든 것을 합력해 선을 이루시는 분임을 기억하라.

지금의 형편을 하나님 탓으로 돌리지 말라.

상황을 비관하며 죄를 짓지 말라.

그 대신에 당신을 향한 하나님의 원대한 계획을 다시 한번 묵상하라.

하나님께서 당신을 끌어올리시려고 잠시 꺾이도록 내버려 두신 것은 아닐까?

당신을 보다 낮은 겸손의 자리로 이끄시기 위해 일시적 고난을 허락하신 것은 아닐까?

지금의 아픔이 다 지나고 나면, 언젠가는 내 생각보다 나은 하나님의 뜻을 분별할 수 있게 되는 것은 아닐까?

깊이 생각해 볼 일이다.

지금 있는 그곳에서 당신의 영적 와이파이(wifi)를 다시 연결하라. 그리고 어떤 영적 분위기가 형성되었는지를 감지하라. 지금 영적 분위기가 바뀌고 있다. 기적이 여기 임한다. 주의 영이 여기 계신다.

기적이 여기 임하네

모든 것 변화시키네

주 임재 우리 느끼네

주 성령 여기 계시네

A miracle can happen now

For the Spirit of the Lord is here

The evidence is all around

That the Spirit of the Lord is here

주님의 영 임하소서

주 갈망하네

주의 나라 뜻 이 땅에

이뤄지리라

Spirit of God fall fresh on us

We need your presence

Your kingdom come your will be done

here as in heaven

제2부
인 더 스피릿

제3장 생명의 성령의 법

제4장 내가 성령에 감동되어

제3장

생명의 성령의 법

> 그러므로 이제 그리스도 예수 안에 있는 자에게는 결코 정죄함이 없나니 이는 그리스도 예수 안에 있는 생명의 성령의 법이 죄와 사망의 법에서 너를 해방하였음이라 (롬 8:1-2).

1. 인 더 스피릿

요한은 새로운 것에 기대가 없다.

이제는 놀랄 일도 슬퍼할 일도 없다.

인터넷 포털 사이트에 접속해 뉴스를 보지 않은 지 오래되었다. 나스닥(NASDAQ) 시장의 주가 변동에 대해, 동네 은행의 정기예금 금리에 대해, 최신 자율주행 자동차에 대해, 현 대통령의 긍정평가율에 대해, 유튜브(YouTube) 채널의 구독자 수에 대해 더 이상 관심이 없다.

인생에 대해 흥미를 잃었다고 해야 할까?

초점을 잃은 듯한 그의 눈빛은 하루빨리 이 세상을 떠나 천국을 가고 싶어 하는 내면을 투사하는 듯하다. 그런 그에게 하나님은 또 다른 계획을 갖고 계셨다. 끝난 것이 끝난 게 아니었다.

아직 해야 할 일이 남아 있었다.

> 주의 날에 내가 성령에 감동되어 (계 1:10).

여기에 잠시 멈출 필요성이 있다. 우리말 성경에는 "감동"되었다고 했는데, 다른 번역본에 보면 "인 더 스피릿"(in the Spirit)이라고 되어 있다. 원어 성경을 문자 그대로 한번 번역해 보자.

> 성령 안에 있게 되었다.
> I came to be in the Spirit.

사도 요한은 성령에 감동된 것을 넘어 성령 안에 들어가 있었다는 뜻이다!
언뜻 보면, 그게 그것 같고, 별 차이가 없어 보이기도 한다.
그러나 단순히 성령의 감동을 입는 것과 성령 안에 머무는 것은 차원이 다르다.
일시적으로 임하는 성령의 능력과 영원토록 내주하시는 성령 충만은 비교 불가다.
인간의 힘으로는 도저히 감당할 수 없는 사명을 각각 받은 사울과 다윗은 주의 성령께 의존할 수밖에 없었다. 그러나 사울이 성령을 받은 것과 다윗이 성령을 체험한 것에는 지나칠 수 없는 신학적 요소가 있다. 성경을 한번 보자.

> 하나님의 영이 사울에게 크게 임하므로 (삼상 10:10).

영어 성경에 채택된 전치사 "upon"은 히브리어로 "야인 라메드"(*Ayin Lamed*)다. 즉, 말 그대로 하나님의 영이 사울 '위에' 임했다는 의미다. 하나님의 영이 사울에게 임하자 그가 예언하는 모습을 지켜본 사람들은 이구동성으로 "사울도 선지자들 중에 있느냐"(삼상 10:11) 하며 의아하게 생각했다고 한다.

자, 이제 몇 장을 넘겨 보면, 사무엘로부터 기름 부음을 받았을 때 다윗이 하나님의 영으로 크게 감동되었다는 이야기가 있다.

> 다윗이 여호와의 영에게 크게 감동되니라(삼상 16:13).

우리말 성경으로 읽으면, 사울에게는 성령이 "크게 임했다"고 했고, 다윗에게는 "크게 감동되었다"고 했으니 사실 별반 차이가 없는 것처럼 보인다. 그게 그것인 것 같다. 게다가 영어 성경에도 보면, "upon"이라는 전치사를 같이 사용하고 있으므로 더욱더 그렇게 보이는 것이 사실이다.

그러나 다윗이 성령에 감동된 것에 대해 원어 성경은 명백한 차이를 두는데, 그 이유는 뜻이 조금 다른 "알레프 라메드"(*Aleph Lamed*)를 채택하고 있기 때문이다. 저자는 이 두 에피소드(episode)를 구별하려고 한 것이 틀림없다. 만일 내가 번역을 맡았더라면 원문을 좀 더 살려 다음과 같이 차별성을 두었을 것이다.

	한글 개역성경	문자적 번역
삼상 10:10	하나님의 영이 사울에게 크게 임하므로	하나님의 영이 사울 위에 임하므로
삼상 16:13	그날 이후로 다윗이 여호와의 영에게 크게 감동되니라	그날 이후로 다윗이 여호와의 영 안에 있게 되니라

갓잇(got it)?

이제 좀 눈에 들어오는가?

이 책의 주인공인 사도 요한으로 돌아가서, 그가 하고 싶었던 말은 주의 날에 성령 안에 들어가 있었다는 것이다.

인 더 스피릿!

2. 성령 하나님, 그분은 누구신가?

성령은 성부, 성자와 함께 영원하신 제3위의 하나님이시다. 그러므로 성령을 받는다는 얘기는 곧 우리의 심령 속에 하나님을 모신다는 뜻이다. 성령은 하나님과의 인격적 교제를 뜻하기 때문에 우리 주 예수께서는 "성령을 받으라"(요 20:22)라고 말씀하셨다.

이런 의미에서 성령론(pneumatology)은 지금으로부터 100년 전에 몇 명의 선택 받은 사람들이 발견한 새로운 교리가 아닐 뿐더러 특정 교단의 전유물이 될 수도 없다.

오늘날 유튜브를 검색해 보면, 칼빈주의 대 알미니안주의, 은사중지론 대 은사지속론, 개혁주의 대 오순절주의를 다루는 콘텐츠가 있는데 서로 논쟁하는 것을 넘어 비판하고 헐뜯는 모습을 보면, 신학에 대해 잘 모르고 그저 교회를 다니면서 순수한 마음으로 하나님을 섬기려고 하는 평신도들 사이에는 혼란을 일으킬 수밖에 없다.

이 목사님의 강연을 들어보면 이게 맞는 것 같고, 다른 영상을 시청하면 그것도 틀리지는 않은 것 같고, 성령을 둘러싼 방언과 은사에 대한 논쟁은 헷갈리는 것이 어떻게 보면 정상이다. 문제는 이것이 영적 혼란으로 이어져 끝내 그리스도의 몸이 분열될 때 발생한다.

이런 면에서 나는 웨스트민스터(Westminster) 신앙고백의 마지막 설교자로 알려진 마틴 로이드 존스(Martyn Lloyd Jones) 목사님의 메시지를 현대 교회가 하나의 예언으로 받아들여야 한다고 생각한다.

존스 목사님은 하늘나라에는 장로교, 감리교, 침례교, 오순절, 등 다양한 교파가 다 만나게 될 것이라는 재치 넘치는 글을 썼다.

그렇다.

하나님의 나라는 예수님을 영접한 우리 모두의 것이다!

한편으로는 카리스마 운동에 대해 약간 부정적 시선을 보내는 이들이 내세우는 주장도 이해할 만하다.

"너무 감정에 어필하는 것 같아서 싫어요."

"외적으로 나타나는 현상에 대해 왠지 거부감이 들어요."

"제가 시끄러운 것을 좀 싫어해서요."

그런가 하면, 전통을 고수하는 교회에 대해 무분별한 비판을 가하는 사람들도 있다.

"너무 차가운 것 같아요."

"전통이 있으면 뭐해요?

교회가 텅 비어 있는데?"

"제가 보기에는 성령이 그곳에는 없어요."

그런 것 보면, 우리 인간은 참 극단적인 것 같다. 각자 받은 신앙교육에 근거해 타인의 차별성을 인정하며 품어 주지 못하고, 오히려 우리끼리 비판을 하고 앉아 있으니 세상 사람들이 이를 보고 어떤 댓글을 달까 하는 것은 안 봐도 동영상이다.

생각해 보면, 각자의 입장이 있는 것은 맞다. 그러나 지나친 교파주의는 '일부'(partial)를 '전체'(integral)로 혼동한다는 점에서 주관적이고 이기적이다.

내 생각에는 이런 모든 '성령론'에 관한 아이디어를 철저히 버려야 비로소 '성령 하나님'을 모실 수 있게 된다. 사실 주의 성령께서는 예수님을 마음에 영접한 모든 신자 가운데 역사하신다.

사실 친성령파, 반성령파, 이런 발언은 영이 아닌 육신의 산물이다. 하나님은 특정 단체 또는 교단에 얽매어 계시는 분이 아니다. 장로교의 하나님이 따로 있고, 감리교의 하나님이 따로 있는 것이 아니다. 그러나 타락한 인간은 좌파와 우파, 동과 서, 남자와 여자, 심지어 금수저와 흙수저, 이 둘 사이에 하나를 선택함으로써 정체성을 갖는다고 잘못 판단하는 성향을 강하게 보인다.

사실 이 같은 분열은 어제오늘 일이 아니다.

> 내가 이것을 말하거니와 너희가 각각 이르되 나는 바울에게 나는 아볼로에게 나는 게바에게 나는 그리스도에게 속한 자라 한다는 것이니 그리스도께서 어찌 나뉘었느냐 바울이 너희를 위하여 십자가에 못 박혔으며 바울의 이름으로 너희가 세례를 받았느냐 (고전 1:12-13).

따라서 우리는 예수님의 기도를 기억하며 살아야 한다.

> 하나가 되게 하옵소서 … 세상으로 아버지께서 나를 보내신 것을 믿게 하옵소서(요 17:11, 21).

사도 요한이 "인 더 스피릿"(in the Spirit)이라고 한 것은 그가 소위 말하는 성령파(?)였기 때문에 그와 같은 주장을 한 것이 아니다. 성령에 관한 논쟁은 이것으로 끝내자. '성령론'(pneumatology)이 '성령'(The Holy Spirit)보다 중요할 수는 없다. 성령을 강조하는 이는 예수님이시지 특정 교단 혹은 설교자가 아니다.

3. 육으로 섬길 것인가, 영으로 섬길 것인가?

인생이란, 인생에 대해 논하는 찰나에 지나가는 그 무엇이라고 했다. 논쟁하면서 인생을 허비하기에는 너무나도 소중한 하루하루가 아닌가?

왜 성령 하나님이 그토록 중요한가?

그분이 없으면 우리는 아무것도 할 수 없기 때문이다.

성령 하나님은 우리에게 능력을 부여하시는 분이다.

> 오직 성령이 너희에게 임하시면 너희가 권능을 받고 예루살렘과 온 유대와 사마리아와 땅 끝까지 이르러 내 증인이 되리라 하시니라(행 1:8).

여기서 권능은 '두나미스' 즉 파워(power)다. 베드로의 인생을 연구해 보면, 복음서에 나타난 베드로와 사도행전에 나타난 베드로의 모습이 완전 딴판이라는 것을 발견하게 된다. 모두가 주님을 버리고 떠날 때 베드로는 이렇게 소리쳤다.

> 모두 주를 버릴지라도 나는 결코 버리지 않겠나이다(마 26:33).

> 내가 주와 함께 죽을지언정 주를 부인하지 않겠나이다(마 26:35).

요즘 스마트폰(smartphone)에는 미러링크(mirror link)라는 기능이 있는데, 쉽게 말해 내 휴대폰에 보이는 것을 다른 모니터에 연결하는 것을 가리킨다. 베드로는 2천 년 전에 우리의 기대, 소원 그리고 열정을 미리 연결해 보여 주고 있는 것 같다.

하고는 싶은데, 잘 안 된다.
노력해 봤는데, 쓸모없다.
하기는 해 봤는데, 뜻대로 안 풀린다.
왜?
하나님은 영이시기 때문에 육으로 섬길 수 없기 때문이다.

베드로는 무엇이라도 할 수 있을 것만 같았다. 그러나 끝내 주님을 세 번이나 부인한 배반자로 낙인찍혔다. 마태는 이에 대해 베드로가 예수님을 부인한 정도가 아니라, 모른다고 '맹세'했고(마 26:72), 심지어 '저주'까지 했다고 기록했다(마 26:74).

도대체 그에게 어떤 일이 있었던 것일까?

얼마 전까지만 해도 목숨을 내놓겠다고 한 이가 왜 배반자로 전락한 것일까?

쉽게 답할 수 있는 이슈(issue)는 아니다. 그러나 사도행전에 나타난 베드로의 모습과 비교해 보면, 복음서 시절에는 육으로 하나님을 섬기려고 했다는 결론에 이르게 된다.

바로 그거다!

입에 발린 말과 진정으로 사랑하는 것, 잠시 잘해 주는 것과 인생을 책임져 주는 것, 알고 보면 무엇인가 달라도 한참 다르다.

순간 베드로는 쥐구멍이라도 있으면 숨고 싶었을 것이다. 한 줄로 정리하면, 그는 스스로에 대해 크게 실망했다.

> 닭이 곧 두 번째 울더라 이에 베드로가 예수께서 자기에게 하신 말씀 곧 닭이 두 번 울기 전에 네가 세 번 나를 부인하리라 하심이 기억되어 그 일을 생각하고 울었더라(막 14:72).

'내가 지금 무슨 짓을 한 거지?

꿈일 거야.

이젠 무슨 낯으로 예수님의 얼굴을 보지?'

그러나 오순절 날 마가의 다락방에서 약속하신 성령을 받은 베드로는 완전히 변화되었다. 얼마나 강력한 체험이었는지 그는 성령으로 충만할 뿐만 아니라, 성령이 말하게 하심을 따라 다른 언어로 말하기 시작했다.

성령으로 충만한 베드로가 예수님이 바로 하나님의 아들이심을 선포하자 무려 3천 명이나 회개하고 세례를 받는 놀라운 역사가 나타났다.

하루 만에 팔로워 수가 3천이라니!
조회 수로 따지면 상상을 초월했다.
댓글이 쏟아졌다.

"어, 대박! 갈릴리 사람들이 우리말을 하네!"
"베드로 완전 쩔어! 완전 감동!"
"구독자 10만 가즈아!"

물론 악플도 없는 것은 아니었다.

"비호감!"
"다들 좀비 같아."
"대낮부터 웬 술이래?"

"형제들아 우리가 어찌할꼬?"
이런 질문에 베드로는 성령을 언급하는 것을 잊지 않았다. 복음서의 베드로가 성령론을 배웠다면, 사도행전의 베드로는 성령을 받았다. 베드로에게 있어서 성령은 더 이상 이론이 아니라 실제였다.

그리하면 성령의 선물을 받으리니 (행 2:38).

힘으로 능으로 되지 않는 것은 성령의 능력으로 된다. 그러므로 더이상 인간의 힘과 노력으로 하나님을 섬기려고 하지 말라.
사도 요한이 그러했던 것처럼, 성령 안으로 들어가라!

당신의 영적 스마트폰의 배터리 충전 상태를 항상 100퍼센트로 유지하라. 성령 하나님과 함께 있으면 우리는 반드시 이긴다.

4. 모방한 믿음에는 역사가 없다

오래전에 나는 주기도문을 1천 번 낭독한 적이 있다. 주기도문 1천 번을 외워 병이 기적적으로 나았다는 이야기를 듣자 나 역시 신령한 체험을 하고 싶다는 갈망이 부풀어 올랐다.

어떤 불치병 혹은 고질적 질환을 앓고 있었던 것은 아니었지만, 그저 하고 싶다는 생각이 들었다. 기도원에 들어가서 주기도문을 소리 내 낭독하는 데 얼마나 지루하고 따분했는지 모른다.

"하늘에 계신 우리 아버지여
이름이 거룩히 여김을 받으시오며
나라가 임하시오며
뜻이 하늘에서 이루어진 것같이
땅에서도 이루어지이다"

성령의 감동 없이 인간의 힘으로 무엇인가를 한다는 것이 이렇게까지 힘들 줄이야 꿈에도 몰랐다. 주기도문을 외우는 일주일 내내 이런 생각밖에 없었다.

'지금 몇 번째지?
이백팔십몇 번째인 것 같은데 …
그만하고 내려갈까?'

일주일이 되기도 전에 1천 번을 낭독했지만, 아무런 감동도 역사도 나타나지 않았다.

왜?

남을 모방한 믿음에는 역사가 나타날 수 없기 때문이다.

한마디로 상식은 있는데 성령의 감동이 없다.

다른 컴퓨터에 파일을 저장하기 위해 USB 플래시 드라이브(flash drive)를 꽂았는데, '오류' 팝업(pop up)이 뜨면 기분이 어떠한가?

영적 세계도 마찬가지다. 그러므로 타인의 믿음을 모방하려고 너무 애쓰지 말라. 그 사람에게는 호환이 될지는 몰라도 당신의 믿음과는 오류가 날지도 모르니 말이다.

사역 초기 때 나는 그 유명한 카를로스 아나콘디아(Carlos Annacondia)와 함께 한국과 미주를 오가며 통역으로 섬긴 적이 있다. 세계적 부흥사인 만큼 죄인들이 회개하고, 귀신 들린 자들이 해방되고, 병든 자들이 낫는 등 사역의 전선에서 놀라운 기적을 직접 목격했다.

젊은 전도사 시절이라서 그런지 나도 아나콘디아처럼 귀하게 쓰임 받고 싶다는 열망이 너무나도 앞섰던 탓에 미국 동부에서 집회를 인도하고 있던 어느 날 설교를 마치고 기도하는 시간에 나도 모르게 같은 말을 반복했다.

"There it is! There it is! There it is!"

알고 보면, 예전에 통역할 때도 애를 먹었던 기억이 난다. 영어와는 달리 우리말에는 목적어가 생략되면 무슨 내용인지 정확하게 파악하기가 어려워 나 같은 경우 이렇게 말을 약간 지어내면서 통역했던 기억이 난다.

"거기에 은혜가 임하고 있습니다!"

"거기에 기적이 일어났습니다!"

속으로는 '아니 도대체 거기에 뭐가 있다는 말이야?'

중얼거리면서 말이다. 그러나 '아는 만큼 보인다'는 말이 있듯이, 배운 게 그것밖에 없으니까 대중에게 먹힌다(?)는 생각에 이 같은 멘트를 남발했다.

어느 한순간 주의 성령께서 내 마음에 말씀하셨다.

"너는 자꾸 There it is, there it is 하는데, 도대체 어디에 뭐가 있다는 거야?"

"아 예, 어 … 그게 … 그러니까 …"

'현타'가 왔다.

남을 모방한 믿음에는 역사가 없다.

하루는 아나콘디아와 함께 아침 식사를 하면서 이런 질문을 던졌다.

"브라더 카를로스(brother Carlos), 요즘 한국에서는 수많은 전도법이 홍수처럼 쏟아지고 있습니다. 20년 만에 2백만 명을 주께로 인도하셨다고 사람들이 말하는데, 기왕이면 당신과 같은 분에게서 어느 전도법이 가장 효과적인지 좀 듣고 싶습니다."

그때 내가 들은 가슴 벅찬 답변은 아직도 내 심장을 뛰게 한다.

"김 목사님, 이건 전도법의 문제가 아니라 성령의 문제입니다. 성령의 기름 부음이 있으면 어떤 전도법을 써도 능력이 나타나고, 성령의 역사가 없으면 어떤 전도법을 써도 효과가 없습니다."

역시 아나콘디아였다!

'이래서 다들 아나콘디아, 아나콘디아 하는구나' 생각했다.

성령의 감동, 감화, 인도, 보호, 능력, 충만은 우리 삶에 생략될 수 없는 요소다. 예수님과의 Re-인카운터가 성사되기 전에 성령에 감동을 입어야 한다.

아니, 성령 안으로 들어가야 한다!

5. 생명의 성령의 법

주 예수 그리스도를 구주로 영접한 모든 이는 생명의 성령의 법의 다스림을 받는다. 나는 이것을 가리켜 '제3의 법'(the Third Law)이라고 칭한다.

제1의 법은 죄와 사망의 법이다. 아담과 하와가 범죄한 이후 모든 인간은 죄와 사망으로 인해 가시와 엉겅퀴의 저주 아래 놓이게 되었다.

> 그러므로 한 사람으로 말미암아 죄가 세상에 들어오고 죄로 말미암아 사망이 들어왔나니 이와 같이 모든 사람이 죄를 지었으므로 사망이 모든 사람에게 이르렀느니라 (롬 5:12).

제2의 법은 모세의 율법이다.

> 그러므로 율법의 행위로 그의 앞에 의롭다 하심을 얻을 육체가 없나니 율법으로는 죄를 깨달음이니라 (롬 3:20).

제3의 법은 예수 그리스도의 은혜와 진리를 통해 주어진 생명의 성령의 법이다.

> 한 사람이 순종하지 아니함으로 많은 사람이 죄인 된 것 같이 한 사람이 순종하심으로 많은 사람이 의인이 되리라(롬 5:19).

예수 그리스도를 마음속에 모신 모든 사람은 생명의 성령의 법의 지배 아래에 있다. 일부 부흥사가 자랑하는 승리는 없을 수도 있고, 여러 목사님이 설교하는 표적이 생략될 수도 있으며, 간증하러 다니는 사역자들이 주장하는 기적이 부재할 수도 있다. 이것이 우리의 현실이다.

그러나 이런 외적인 것이 드러나지 않는다고 해서 죄와 사망의 법 혹은 율법에서 못 벗어났다고 생각해서는 안 된다. 법은 법이다. 내 마음에 들든지 안 들든지 법은 법 그 자체로서 가치를 지닌다.

내가 중력의 법칙을 거부한다고 해서 벗어날 수 있는 것은 아니다. 그러므로 지금 처한 상황이 힘들고, 한계를 느끼며, 죽을 맛이라고 해도 예수님을 마음에 모신 이상 생명의 성령의 법 아래 있음을 믿고 선포하라.

무엇보다 생각을 재부팅(rebooting)하라. 제1의 법의 정죄 가운데 살지 말고, 제2의 법의 한계에 얽매이지도 말라. 지금부터 당신의 모든 생각 파일을 제3의 법, 즉 생명의 성령 법에 따라 새로운 이름으로 다시 저장하라.

몇 년 전 미국 휴스턴(Houston)에서 집회를 인도하고 있던 와중에 어느 한 자매를 만난 적이 있다. 말씀을 다 마치고 강단에서 내려오는데, 많은 사람이 나와 인사를 나누기 위해 장사진을 이루었다. 그런데 어느 한 자매가 유난히 내 오른팔을 힘껏 끌어당겼다. 무엇인가 하고 뒤돌아보는 순간 그 자매가 가족사진을 꺼내 보여 주었다.

원래 미국의 라티노(latino)들은 감정이 풍부하고 열정적이며, 가족을 굉장히 중요시하는 문화가 있으므로 단순히 가족을 자랑하려고 하는가 보다 생각했다. "아, 예" 하고 등을 돌려 복도 사이를 빠져나가려는 순간 자매가 간증하기 시작했다.

"목사님, 2년 전에 휴스턴에서 집회를 인도하신 적이 있지요?"

"예, 기억합니다."

"그때 무엇이든지 기도하고 구하는 것은 받은 줄로 믿으면 그대로 된다고 말씀하셨지요?"

"그건 제 말이 아니라, 예수님이 하신 말씀입니다. 그런데요?"

"저는 그때 불임이었습니다. 결혼한 이후 아기를 가지려고 무진장 애썼는데, 일이 잘 안 되어서 절망한 상황이었습니다. 그런데 목사님의 말씀을 듣고 '임신이 되었다,' '하나님이 아기를 주셨다'는 믿음이 생겨 손으로 배를 만지면서 기도했습니다. 그런데 지금 보세요. 아기를 낳았어요, 목사님!"

그런데 사진을 보니 아이가 한 명이 아니라 두 명이었다.

"자매님, 그런데 한 명이 아니라 두 명이네요!"

"맞습니다, 목사님! 쌍둥이를 임신했어요!"

제3의 법은 생명의 성령의 법이다. 하나님은 죽은 자를 살리시며 없는 것을 있는 것같이 부르시는 분이므로 주의 성령께서 운행하시면 죽었던 것이 되살아난다!

성령으로 충만한 사람과 성령과 동행하지 않는 사람 사이에는 엄청난 차이가 있다.

성령의 도우심을 바라지 않고 사는 인생은 10년 된 전자기기로 최근 출시된 어플을 사용하려고 시도하는 것과 같다.

뭔가 되기는 되는 것 같은데, 자꾸 끊긴다.

매끄럽지 못하다.

상황에 따라서는 "해당 기기에는 더 이상 서비스를 제공하지 않습니다"라는 알림이 뜬다.

영적 분위기가 변화되자마자 예수님은 요한에게 성령 안에 들어가게 만드셨다. 간단한 공식이지만, 성령이 없으면 계시도 있을 수 없다.

성령은 제3위의 하나님이시다. 예수님은 성령 충만이 얼마나 중요했으면 제자들에게 "성령을 받으라"(요 20:22)라고 말씀하셨겠는가. 그러므로 성령을 받고, 이제부터는 생명의 성령의 제3의 법을 따라 움직이라. 성령의 단비가 내리는 곳에는 새 생명이 넘친다.

> 이는 힘으로 되지 아니하며 능력으로 되지 아니하고 오직 나의 영으로 되느니라(슥 4:6).

성령의 비가 내리네
하늘의 문을 여소서
성령의 비가 내리네
하늘의 문을 여소서

Let it rain, let it rain
Open the floodgates of heaven
Let it rain, let it rain
Open the floodgates of heaven

제4장

내가 성령에 감동되어

> 주의 날에 내가 성령에 감동되어 내 뒤에서 나는 나팔 소리 같은 큰 음성을 들으니(계 1:10).

1. 그들이 다 성령의 충만함을 받고

하나님은 모든 믿는 자에게 성령을 부어 주기를 원하신다. 모세에게 임한 여호와의 '루아흐'(ruah)가 장로들에게도 임하자 70명 모두가 예언하기 시작했다. 회막에 들어가지 않고 진에 머물고 있던 엘닷과 메닷도 성령이 임하자 예언했다. 놀라움을 금치 못한 여호수아가 달려가서 상황을 설명하자 모세는 이렇게 답했다.

> 여호와께서 그의 영을 그의 모든 백성에게 주사 다 선지자가 되게 하시기를 원하노라(민 11:29).

민수기 11장은 구약의 오순절 사건이다.
사도행전 2장에 모든 육체 가운데 성령을 부어 주기를 원하시는 하나님의 마음이 고스란히 담겨 있다.

> 그들이 다 성령의 충만함을 받고 …(행 2:4).

우리는 성령의 단비가 절실한 메마른 땅과 같다.

나와 당신에게 필요한 것은 또 다른 하나의 거창한 교회 모델이 아닌 성령의 불이다!

마가의 다락방에 120명에게 불어닥친 급하고 강한 바람은 혼란스럽고, 외롭고, 답답한 이 포스트 코로나 시기를 살아가는 우리에게 반드시 필요하다.

'하나님께서 그분의 영을 모든 백성에게 주기를 원하신다'는 모세의 말이 얼마나 적중한가?

'다 성령의 충만함을 받았다'는 누가의 말이 얼마나 감동적인가?

여기서 "모든 백성"과 "다"에 바로 당신과 내가 포함되어 있다!

하나님은 당신을 잊으신 적이 없다. 주님은 당신 곁에 계신다. 당신은 결코 혼자가 아니다. 당신 곁에 임하신 성령의 임재는 하나님이 당신 편이라는 증언이다.

2. 경험은 잊히지 않는다

경험이라는 것은 마음에 깊이 새겨지는 하나의 기억으로서 시간이 지나도 잊히지 않는다.

그래서일까?

하나님은 '익스피리언스'(experience), 즉 경험이라는 경로를 통해 우리에게 성령을 허락하신다.

잠시 마가의 다락방에 있던 사람의 관점에서 오순절 사건을 재조명해 보자.

급하고 강한 바람 같은 소리와 불의 혀처럼 갈라져 각 사람 위에 하나씩 임한 것을 어떻게 잊으랴!

잊으려야 잊을 수가 없다!

청년 사울이 사도 바울로 변화되는 과정을 보자. 그리스도인들을 결박하려고 다메섹으로 서둘러 갔던 그의 회심 사건은 사도행전 9장에 검색된다.

> 사울아 사울아 네가 어찌하여 나를 박해하느냐(행 9:4).

잊을 수 없는 경험이었다.

경험도 경험 나름이지만, 청년 사울의 경우 눈 깜짝할 사이에 마음의 생각과 인생의 방향이 재설정되었다. 테블릿 PC의 소프트웨어(software) 전체 설정을 업데이트(update) 하면 '최신 버전'이라는 알림과 함께 과거에 오류가 떴던 어플리케이션(application)이 작동되듯이 순식간에 180도 변했다.

'과거에 내가 그랬나?

내가 언제 그랬지?

이제야 잘 되네!'

그 이후 바울은 가는 곳마다 이 경험을 증언했다.

가는 중 다메섹에 가까이 갔을 때에 정오쯤 되어 홀연히 하늘로부터 큰 빛이 나를 둘러 비치매 내가 땅에 엎드러져 들으니 소리 있어 이르되 사울아 사울아 네가 왜 나를 박해하느냐(행 22:7).

얼마 안 있어 아그립바왕 앞에 섰을 때도 자신이 경험한 것을 어필했다.

왕이여 정오가 되어 길에서 보니 하늘로부터 해보다 더 밝은 빛이 나와 내 동행들을 둘러 비추는지라 우리가 다 땅에 엎드러지매 내가 소리를 들으니 히브리 말로 이르되 사울아 사울아 네가 어찌하여 나를 박해하느냐 가시채를 뒷발질하기가 네게 고생이니라(행 26:14).

사도 바울과 같은 유능한 이가 자신의 지식이 아닌 경험한 바를 어떻게 인용했는지를 관찰해 보라.
경험은 사람을 변화시킨다.

3. 너희가 권능을 받고

성령님은 우리에게 권능으로 임하신다.
이 때문에 예수님께서는 예루살렘과 온 유대아 사마리아아 땅끝까지 이르러 증인이 될 것이라고 말씀하셨다.
나는 항상 몸이 약했다. 특별히 어떤 질병에 시달리는 것은 아니었지만, 특히 20대 때 항상 몸이 지쳐 있었으며 온종일 피로와 싸워야만 했다. 증상으로는 만성 비염 알레르기, 근육통 그리고 방광염을 앓았다. 그런데 눈에 보이는 질환이 아니어서 그런지 사람들은 꾀병이라며 비꼬았다.

특히, 알레르기 증상을 완화하려고 복용했던 항히스타민(antihistamin)은 진정작용을 일으켜 그런지 어디를 가도 꾸뻑꾸뻑 조는 현상을 일으켰다.

지옥이 따로 없었다.

약물을 복용하면 일상생활이 불가능했고, 시간에 맞춰 섭취하지 않으면 곧바로 코막힘 증상이 나타나 당장 호흡곤란이 생겼다. 하루는 20시간 이상 잠에 빠져 정신이 늘 혼미해진 나 자신을 보면서 한심하게 느껴졌다.

이 느낌은 뭐랄까?

분명히 아침에 출근하려고 일어나자마자 콘센트에서 충전기를 뽑았을 때는 배터리 충전 상태가 100퍼센트였는데 점심 시간에 벌써 '배터리 전원 부족' 알림과 함께 '저전력 모드'가 켜지는 기분이랄까?

알고 보니, 배터리 성능 수치가 60퍼센트다. 할 수만 있다면 지구 반대편에 있는 아무 앱스토어(App Store)에 가서 내 몸에 내장된 배터리를 바꾸고 싶었다.

그러던 어느 날이었다.

하루는 성경을 읽는데, 한 성구가 눈에 들어왔다.

> 예수께서 온 갈릴리에 두루 다니사 그들의 회당에서 가르치시며 천국 복음을 전파하시며 백성 중의 모든 병과 모든 약한 것을 고치시니 (마 4:23).

'약한 것을 고치신다고?'
눈을 씻고 다시 봤다.

> 약한 것을 고치시니 (마 4:23).

나는 그때까지만 해도 예수님은 귀신들린 자, 맹인, 나병 환자 등을 고치시고 죽은 자를 살리시는 분으로만 인식하고 있었다. 그러나 그 날에는 유난히 '이사야 선지자를 통해 하신 말씀에 우리의 연약한 것을 친히 담당하셨다'(마 8:17)는 성구가 마음에 화살처럼 꽂혔다.

예수께서 우리의 말라키아(*malakia*), 즉 '약함'을 짊어지셨다니!

은혜가 넘쳤다.

그 이후로 나는 이 말씀을 붙들고 기도하기 시작했다. 그러나 여전히 나는 무기력하고 피곤했다. 그러던 어느 날이었다. 결혼한 지 1년밖에 안 되었지만, 나는 이미 아내로부터 허약한 신랑으로 낙인찍혀 있었다.

하루는 꿈을 꾸는데, 하나님께서 나를 힘껏 안아 주셨다. 깨어나자마자 나는 "다 나았다"라고 소리쳤다. 갑자기 잠에서 깨어나 고함을 지른 나를 본 아내는 고개를 끄덕이며 '아멘'이라고 했다.

신기하게도 그 꿈을 꾼 이후로 더 이상 약함으로 인해 고통을 당하지 않았다.

고질적으로 나를 괴롭혔던 증상 역시 서서히 사라지기 시작하더니 몇 년 안 있어 아예 없어졌다!

나는 건강한 새사람이 되었다!

성령 하나님은 우리에게 권능을 부여하신다!

이 파워는 영적인 것에만 국한되어 있지 않고, 지성, 감성, 인간관계, 사회적 지위, 재정, 건강 등 모든 영역을 포함하고 있다. 주의 성령께서는 당신이 하나님으로부터 받은 사명을 감당할 수 있도록 능력을 주신다.

그러므로 두려워하지 말고, 놀라지 말고, 멈추지 말고, 포기하지 말라. 성령 하나님의 보호하심과 도우심이 당신과 늘 함께한다.

4. 주의 성령을 의지하는 생활

마가복음 6장에 보면, 열두 제자가 첫 번째 전도 여행을 떠나는 에피소드(episode)가 나타난다. 예수님은 제자들에게 더러운 귀신을 제어하는 '엑수시아'(exousia), 즉 권능을 주셨다.

> 열두 제자를 부르사 둘씩, 둘씩 보내시며 더러운 귀신을 제어하는 권능을 주시고(막 6:7).

당신과 나와 같은 평범한 사람들은 어차피 날마다 성령의 능력을 의지하지 않으면 안 된다. 이 사회는 '스펙'이니 뭐니 하지만, 대부분 우리는 누가 알아주지도 않고, 네이버(naver) 검색창에 아무리 이름을 써 봤자 아무 정보도 뜨지 않으며, 그 누구에게 '갑질'할 수 있는 그런 처지에 있는 사람들이 아니다.

그런데 알고 보면, 평범한 것이 나을지도 모른다.

평범하다 보니 내세울 것도 거만해질 일도 없다.

상황이 이렇다 보니 주의 성령을 의지해야 한다는 것은 좋은 메시지를 떠나 우리의 현실이다.

오히려 다행이다.

알고 보면, 예수님의 제자들은 구독자 100만 명을 몰고 다니는 잘 나가는 설교자, 미국 명문대 출신, 혹은 연봉이 5억 원이 넘어 우리나라 상위 0.1퍼센트에 속한 고소득자였기 때문에 이 같은 권능이 동반되었던 것이 아니다. 그들은 철저히 성령을 의지했기 때문에 귀신을 제어하는 권능이 따랐다.

미국 마이애미(Miami)의 어느 한 신학대학교에서 있었던 일이다. 채플 시간에 아프리카에서 온 어느 한 흑인 목사님이 강단에 섰다. 어설픈 발음과 앞뒤가 맞지 않는 문법을 가지고 잘 안 되는 영어 설교를 하는 흑인 목사님의 모습을 본 백인 신학생들은 배꼽을 잡으며 웃기 시작했다.

처음에는 절제하지 못하는 한두 명의 웃음이 어느새 온 회중으로 번져 설교자의 말 한마디 한마디가 떨어질 때마다 웃음바다가 되어 버렸다. 이제는 어떤 말을 해도 은혜를 끼칠 수 없는 상황이 되어 버렸다. 그러자 그 목사님은 성경을 덮고 이렇게 말했다.

"You, white …(당신들은 백인이고),

Me, black …(나는 흑인이지만),

You, much English(당신들은 영어를 잘 하고),

Me, little English(나는 영어를 잘 못 하지만),

But same image of God(우리는 모두 같은 하나님의 형상을 가지고 있습니다)."

순간 학생들의 표정이 심각해졌다.

"I count one to ten(내가 하나에서부터 열을 셀 텐데).

And you all receive the Holy Spirit(여러분 모두가 성령을 받을 것입니다).

One, two, three …(하나, 둘, 셋 …)."

강사가 열을 세기도 전에 온 회중 가운데 성령의 불이 임하자 학생들은 방언하며 회개하기 시작했다. 부족한 그의 영어 실력은 주의 성령께서 강하게 역사하시는 데 있어 걸림돌이 되지 못했다. 결국, 오전 10시에 시작된 채플은 오후 3시가 되어서도 끝나지 않자 그날 모든 수업은 취소되는 해프닝이 벌어졌다.

이제라도 의지할 것이면 전적으로 의지하자. 예수님께서는 제자들에게 권능만 주신 것이 아니라, 주의사항도 알려 주셨다.

> 명하시되 여행을 위하여 지팡이 외에는 양식이나 배낭이나 전대의 돈이나 아무것도 가지지 말며 신만 신고 두 벌 옷도 입지 말라 하시고(막 6:8-9).

양식과 돈을 가져가지 말라고 하신 이유가 무엇일까?

그것은 바로 우리의 죄성 때문이다.

양식과 돈을 손에 쥐고 있으면 성령님을 전적으로 의지하지 않게 된다. 이 때문에 예수님은 아무것도 가져가지 말고 오직 성령으로 살 것을 당부하신 것이다.

성령 하나님이 함께 계시면, 그 어떤 것도 필요 없다!

성령님 한 분이면, 충분하다!

"인 더 스피릿!

성령에 감동되게 하소서!"

빈들에 마른 풀 같이 시들은 나의 영혼
주님이 약속한 성령 간절히 기다리네

There shall be showers of blessing
This is the promise of love
There shall be seasons refreshing
Sent from the Savior above

가물어 메마른 땅에 단비를 내리시듯
성령의 단비를 부어 새 생명 주옵소서

Showers of blessing
Showers of blessing we need
Mercy drops round us are falling
But for the showers we plead

제3부
Re-인카운터

제5장 Re-인카운터

제6장 다시 Re-인카운터

제5장

Re-인카운터

> 몸을 돌이켜 나에게 말한 음성을 알아 보려고 돌이킬 때에 일곱 금 촛대를 보았는데 촛대 사이에 인자 같은 이가 발에 끌리는 옷을 입고 가슴에 금띠를 띠고 (계 1:12-13).

1. 누가 나한테 말을 거는 거지?

사도 요한이 성령에 감동되자마자 주님의 음성을 듣게 되었다. 귀에 익은 음성이었다.

'이게 도대체 뭐지?

어디서 많이 들어 본 목소리인 것 같은데.

누가 나한테 말을 거는 거지?'

혹시 '발신자 정보 없음' 알림이 뜬 전화를 받아 본 적이 있는가?

처음에는 '보이스 피싱'이라고 의심이 든 나머지 안 받다가 여러 차례 전화가 와서 '차단'하기 전에 혹시나 해서 받아 본 전화가 다름 아닌 해외에 살다가 국내로 복귀한 친구인 경우 말이다.

요한이 이런 느낌이었을 것이다.

"누구세요?
예? 어디시라고요?
어디서 많이 들어본 목소리인데.
혹시 … 은경이?
대박! 은경아, 반갑다!
이게 몇 년 만이야?"

요한의 입장에서 볼 때, 어떻게 주님의 음성을 잊으랴?

너희 둘에게는 보아 너게 곧 우레의 아들이란 이름을 더하리라(막 3:17).

우리를 반대하지 않는 자는 우리를 위하는 자니라(막 9:40).

내 좌우편에 앉는 것은 내가 줄 것이 아니라 누구를 위하여 준비되었든지 그들이 얻을 것이니라(막 10:40).

우리를 위하여 유월절을 준비하여 우리로 먹게 하라(눅 22:8).

내가 떡 조각을 적셔다 주는 자가 그니라(요 13:26).

"보라 네 어머니라"(요 19:27) 하신 말씀을 아무리 세월이 흘렀다고 하더라도 어떻게 잊을 수 있단 말인가?

몸을 돌이켜 자신에게 말을 걸어오는 이가 누구인지를 확인하려고 하는 순간 그는 예수님과 마주쳤다.

믿어지지 않았다.

얼마 만에 뵙는 예수님의 모습인가?

"예수님?

정말 예수님이 맞으세요?"

"나는 살아 있는 자라 내가 전에 죽었었노라 볼지어다 이제 세세토록 살아 있어 사망과 음부의 열쇠를 가졌노라."

여기서 잠시!

지금의 예수님은 약 60년 전에 알고 있던 예수님과 사뭇 달랐다.

같은 예수님이기는 한데, 해가 힘 있게 비치는 얼굴과 눈을 뜰 수 없을 정도로 반사되는 그분의 광채는 경외심을 유발했다.

이미 알고 있는 예수님이지만, 또 다른 영적 차원에서 만났다.

이것이 바로 내가 말하는 Re-인카운터다!

어느 한 커피숍에서 있었던 일이다. 사업에 관한 대화를 마치고 자리에서 일어난 어느 신사가 한 테이블 앞에서 발걸음을 멈추었다.

"자네, 아서(Arthur) 아닌가?

그러네. 오랜만이군.

아니, 이런 곳에서 만나다니!

고등학교를 졸업하고 처음 만난 것 아닌가?

반갑네!

자네 요즘 마릴린 먼로(Marilyn Monroe)와 함께 사는 그 유명한 작가 아서 밀러(Arthur Miller)와 동명이인이라고 그동안 자취를 감춘 건가, 뭔가?

보다시피 나는 사업을 하고 있네. 돈 좀 벌었지.

자네는 어떤 일을 하고 있는가?"

"글을 좀 쓴다네."

"글을 쓴다고?

어디에 출판된 것이라도 있나?"

"글세, 『세일즈맨의 죽음』(Death of a Salesman)도 있고 …"

"뭐라고?

그럼 자네가 … 자네가 그 유명한 아서 밀러라고?"

그렇다.

고등학교 친구 아서와 유명 작가 아서는 같은 사람이었다!

그러나 지금은 다른 차원에서 알게 되었다고 할까?

우리는 이미 예수님을 알고 있다.

그러나 전 세계의 수많은 사람이 그러하듯이 얕은 수준에서 표면적으로 알고 있지는 않은가?

어쩌면 시간이 멈춘 듯 우리는 과거에 회심했을 때 처음 만난 예수님을 기억하고 있다. 그러나 세월이 흘러도 주님과의 관계가 무엇인가에 막힌 듯 발전하지 않는다.

같은 예수님이다.

그러나 밧모섬에 다시 모습을 드러내신 예수님의 모습은 복음서의 그것과 완전 달랐다.

그러므로 우리에게는 Re-인카운터가 필요하다!

어쩌면 요한은 변화산 사건의 추억을 떠올렸을지도 모른다. 그의 동료 베드로와 형제 야고보와 동행했던 요한은 예수님과 함께 등산을 간 적이 있다.

갑작스럽게 변형된 예수님의 모습은 말로 어떻게 표현할 수 없을 정도로 영광스러웠다. 같은 예수님이었지만, 평소와는 전혀 다른 영광으로 둘러싼 모습이었다.

> 엿새 후에 예수께서 베드로와 야고보와 그 형제 요한을 데리시고 따로 높은 산에 올라가셨더니 그들 앞에서 변형되사 그 얼굴이 해같이 빛나며 옷이 빛과 같이 희어졌더라 (마 17:1-2).

그러나 이 같은 광경은 얼마 안 갔다.
무엇인가 더 있을 것 같아 기다렸지만, 예수님은 더 이상 보여 주시지 않았다.
60년 이후 자기를 버리셨다고 생각했던 요한에게 주님은 다시 모습을 드러내셨다.
젊은 시절 변화산 사건에서 목격했던 그 해같이 빛나는 얼굴이 다시 그 앞에서 강력하게 비치고 있었다!

2. 인카운터와 Re-인카운터

Re-인카운터는 예수님을 다시 만나는 것이다.
아니, 정확하게 말하면 단순히 그냥 만나는 것이 아니라, 지금까지 경험해 보지 못한 높은 영적 차원에서 다시 만나는 것이다. 예수 그리스도는 어제나 오늘이나 영원토록 동일하시므로 변함이 없으시다.
그러나 육신이 되어 우리 가운데 거하셨던 그분에 대한 우리의 지식과 이해는 그 높이와 깊이, 그리고 너비에 있어 얼마든지 팽창할 수 있다.

공원을 중심으로 모여든 수많은 인파를 상상해 보라. 내가 무리 속에 섞여 주변을 바라보는 것과 드론(drone)을 띄워 공중에서 아래로 내려다보는 것은 확실히 차원이 다르다. 인카운터의 목적이 '구원'(salvation)에 있다면, Re-인카운터의 목적은 '변화'(transformation)에 있다.

Re-인카운터에는 반드시 래디컬(radical)한 삶의 변화가 따른다. 오순절 제자들이 경험했던 드라마틱(dramatic)하고 극적인 변화 말이다.

사도 요한은 주님의 부활 승천 이후 말씀과 기도로 항상 예수님과 교제했을 것이라는 생각에는 무리가 없어 보인다. 이런 각도에서 조명해 보면, 요한은 예수님을 다시 만났어도 수없이 반복해서 만났을 것이다.

그러나 Re-인카운터는 그에 버금가는 또 다른 만남이다.

Re-인카운터는 예수님을 그저 다시 만나는 것이 아니라, 지금까지 경험해 보지 못한 새로운 영적 차원에서 다시 만나는 것을 뜻한다.

사도 요한의 삶을 보면, 그는 인생에 대해 아무런 기대가 없다.

볼 것을 다 본 요한이다.

알 것을 다 아는 요한이다.

그러나 예수님과의 Re-인카운터는 노년의 요한에게 활기와 생명력을 다시 불어넣어 주었다.

Re-인카운터는 강력한 제2의 만남이다!

우리는 항상 예수님을 새롭게 만나야 한다. 제자들이 그러지 않았나?

마가복음 1장에 제자들은 귀신들린 자를 자유케 하시는 모습을 통해서 '해방자' 예수님을 만나고, 2장으로는 넘어가서는 중풍 병자를 고치시는 모습을 통해 '치료자' 예수님을 만나게 되었다. 이렇게 복음서를 읽으면 읽을수록 예수님에 대한 제자들의 지식이 깊어진다는 것을 발견하게 된다. 마침내 제자들은 예수님이 세상의 '구세주'이자 장차 다시 오실 '왕'이심을 믿게 되었다.

어쩌면 우리는 호흡이 끊어질 때까지 예수님의 위대하심을 전부 다 헤아리지도 못한 채 죽을지도 모른다. 그러나 실망할 것도 없다. 육신의 장막을 벗어나 하늘나라에 이르게 되면 예수님과 또 다른 Re-인카운터가 있을 테니 말이다.

> 우리가 다 수건을 벗은 얼굴로 거울을 보는 것 같이 주의 영광을 보매 그와 같은 형상으로 변화하여 영광에서 영광에 이르니 곧 주의 영으로 말미암음이니라(고후 3:18).

3. 성경 속 Re-인카운터

성경을 훑어보면, 사도 요한만 Re-인카운터를 경험한 것이 아니다. 간략하게 한번 살펴보자.

우선 아브라함을 보자.

75세 때에 부르심을 받은 그였지만 24년이 지나도 아무런 역사가 일어나지 않자, 마침내 이스마엘이 상속자가 되면 좋겠다는 인간적인 생각을 품게 되었다.

Re-인카운터가 절실하게 필요했던 아브라함에게 마침내 하나님이 나타나셔서 그의 이름을 바꿔 주시고, 할례를 통해 언약을 맺으시고,

마침내 이삭을 허락하심으로써 사라가 웃게 되었다.

이어서 야곱을 보자.

야곱은 형을 속이고 장자의 복을 빼앗아 도망가던 도중 벧엘에서 하나님을 만났다. 그러나 고향으로 돌아가는 데 있어서 그가 절실하게 갈망했던 것은 하나님과의 Re-인카운터였다. 그가 약탈자에서 이스라엘로 변화된 곳은 하나님과 씨름한 얍복 나루터였다.

이제는 모세를 살펴볼 차례다.

40세의 나이에 민족을 해방하겠다고 한 그는 실패자로 전락했다. 그 이후 40년이라는 세월이 흘러 인생을 포기한 그에게 하나님은 떨기나무 가운데서 Re-인카운터를 허락하셨다. 이미 80세나 된 노인이었지만, 하나님은 그때부터 그를 통해 일하기 시작하셨다.

넘어가서 욥을 들여다보자.

욥은 당대의 순전하고 정직하고 하나님을 경외하며 악에서 떠난 족장이었다. 비극은 예고 없이 닥쳤다. 그는 하루 만에 모든 것을 잃어버리고 말았다. 자신의 의를 내세우며 하나님이 공평하지 못하다고 우기는 그에게 필요한 것은 다름 아닌 창조주와의 Re-인카운터였다. 마침내 하나님께서 폭풍 가운데 임하셨고 그의 삶은 완전히 회복되었다.

> 내가 주께 대하여 귀로 듣기만 하였사오나 이제는 눈으로 주를 뵈옵나이다
> (욥 42:5).

신약성경으로 넘어와서 베드로의 케이스(case)를 마지막으로 보자.

베드로는 갈릴리 해변에서 처음으로 예수님을 만났다. 그러나 주님

을 세 번이나 부인한 그에게는 그 누구보다 Re-인카운터가 필요했다. 아니면 또 다른 가룟 유다가 발생할 위기였다. 그러나 디베랴 바다에서 주님은 Re-인카운터를 허락하셨고, 이로써 베드로는 주님의 양을 먹이는 목자로 거듭나게 되었다.

4. 이제는 당신 차례다

『하나님을 경험하는 삶』이라는 책에서 헨리 블랙가비(Henry Blackaby)는 "하나님의 백성은 하나님을 떠나려는 경향이 있다"고 경고했다.

혹시 당신의 신앙이 시간의 어느 한 시점에 머물러 있지는 않은가?
당신의 믿음이 어느 한 선에서 멈춰 있지는 않은가?
과거의 체험으로 오늘을 살려고 하지는 않은가?

생각해 보면, 우리의 모습이나 이스마엘을 상속자로 지명했던 아브라함이나, 그의 형 에서를 다시 만나는 것을 두려워했던 야곱이나, 광야에서 방황했던 모세나, 예고 없이 닥친 고난을 이해하지 못했던 욥이나, 그리고 물고기를 잡으러 가겠다고 선언한 베드로나 하나도 다른 바 없다.

'다 거기서 거기다.
그게 인생인가 보다.
차라리 기대 없이 대충 살아 버릴까?'
이런 사도 요한의 마음을 읽으셨는지 어느 날 예수님은 사도 요한에게 조용히 다가가셨다. 이 놀라운 광경을 지켜본 요한의 뇌리에는 여러 장면이 스쳐 지나갔을 것이다.

'누구지?

도미티아누스(Domitianus) 황제가 보낸 군인인가, 아님 옛 사도?

그럴 리가 없는데 … 내가 점점 미쳐가는가 보다!'

누가 자기에게 말을 거는지를 확인하려고 뒤를 돌아본 순간 요한은 일곱 금 촛대를 목격했다.

'웬 금 촛대?

그것도 일곱 개씩이나?'

그때 주님이 말씀하셨다.

> 일곱 교회니라 (계 1:20).

일곱 금 촛대 사이에서 나타난 인자 같은 이에게는 인간의 말로 표현할 수 없는 장엄함이 있었다.

'예수님?

맞다.

바로 그분이다!

예수님이 다시 찾아오셨다!'

> 살아 있는 자라 내가 전에 죽었었노라 볼지어다 이제 세세토록 살아 있어 …
> (계 1:18).

갈릴리 해변에서 처음으로 만났을 때처럼 요한의 가슴이 다시 뛰기 시작했다.

'예수님이 나를 다시 찾아오시다니!

말도 안 된다.'

게다가 요한은 지금까지 알고 있던 예수님이 아닌 해같이 얼굴이 힘 있게 비치고 인간이 감당할 수 없는 영광에 둘러싸여 있었다.

그때 사도 요한의 인생은 또다시 시작되었다!

당신이 이 메시지에 공감한다면, 좀 더 인내를 가지고 우리 함께 Re-인카운터를 향해 나가자.

이제는 당신 차례다!

실패, 좌절, 절망으로 물든 과거의 페이지를 덮어 버리고 아브라함, 야곱, 모세, 욥, 베드로 그리고 사도 요한처럼 새 역사를 쓰기 시작하자!

지금 우리에게 필요한 것은 예수님과의 Re-인카운터다!

주님이 다시 우리를 찾아오셨다!

주님의 임재 앞에서 떠나지 말자.

예수님의 발보다 더 아름답고 더 화려한 곳은 어디에도 없다.

미엘 산마르코스(Miel San Marcos)의 〈더 높은 곳 없네〉(There is no place that's higher)라는 곡이 있어 소개하고 싶다. 내 생각에는 이 곡이 이 글을 가장 잘 표현하고 있는 것 같아 당신과 함께 부르고 싶다.

At your feet, that's where I want to be
At your feet, I surrender who I am
It's in this place I find security
Where nobody can do me any harm

You have forgiven me
And brought me closer to your presence
You have lifted me
And now I bow down to worship you

There is no place that's higher
That's greater
Than to be at your feet
to be at your feet

제6장

다시 Re-인카운터

> 그의 머리와 털의 희기가 흰 양털 같고 눈 같으며 그의 눈은 불꽃 같고 그의 발은 풀무불에 단련한 빛난 주석 같고 그의 음성은 많은 물소리와 같으며 그의 오른손에 일곱 별이 있고 그의 입에서 좌우에 날선 검이 나오고 그의 얼굴은 해가 힘 있게 비치는 것 같더라 (계 1:14-16).

1. 인자 같은 이

Re-인카운터는 인카운터처럼 강력하다.

'인카운터'(encounter)가 죄를 회개하고 예수님을 구주와 구세주로 영접하는 것이라면, Re-인카운터(Re-encounter)는 영적 게으름을 뒤로 하고 그리스도 중심의 삶으로의 회귀하며 성령으로 변화되는 것이라고 할 수 있을 것이다.

예수님을 다시 만난 사도 요한은 나팔 소리 같은 큰 음성을 들었다고 증언했다.

네가 보는 것을 두루마리에 써서 에베소, 서머나, 버가모, 두아디라, 사데, 빌라델비아, 라오디게아 등 일곱 교회에 보내라 하시기로(계 1:11).

몸을 돌이켜 누가 자기에게 말하고 있는지를 알아보려고 한순간 요한의 눈에 들어온 것은 일곱 금 촛대 사이에 있는 인자 같은 이였다.

1) "그의 머리와 털의 희기가 흰 양털 같고"

아마 요한은 즉각적으로 변화산 사건을 떠올렸을 것이다.
단, 변화산 사건의 흰 것은 예수님의 옷이었지 머리털이 아니었다는 차이점이 있기는 하다(눅 9:29). 그러나 여기서 포인트(point)는 정결을 뜻하는 흰 색상이다.
이 때문에 하나님께서 용서하시면 우리가 눈과 같이 그리고 양털같이 희어진다고 했다(사 1:18). 다니엘은 환상 속에서 머리털이 깨끗한 양털 같은 옛적부터 항상 계신 이를 목격했다고 서술했다(단 7:9).
그런데 흰색도 흰색 나름이지 않는가?
"모니터 환경에 따라 색상이 실제와 다를 수 있습니다"라는 알림을 본 적이 있다면, 같은 색상이라도 참 다양하게 비칠 수 있다는 생각을 해 본다. 흰색도 그레이(gray) 톤이 약간 가미된 일종의 그라데이션(gradation) 화이트(white)가 있는가 하면, '이게 진짜 흰색이지' 할 정도의 감탄사를 자아내는 화이트가 따로 있다.
그런데 계속 비교해 보면, 그보다 더 눈부신 흰색이 또 따로 있다!
흰색보다 더 하얀색!
도대체 어디가 끝이란 말인가?

스마트폰에 '화면 밝기 조절'이라는 기능이 있다. 손가락을 왼쪽으로 스와이프(swipe) 하게 되면 화면 밝기가 줄어들고, 오른쪽으로 쓰는 제스처(gesture)를 하게 되면 늘어난다.

그러나 어디까지나 휴대기기 스크린의 폭의 제한이 있기 마련이다. 만일 한없이 손가락을 오른쪽으로 스와이프할 수만 있다면?

아마 우리는 눈부셔 더 이상 쳐다보지도 못할 것이다.

내가 하고 싶은 말은 우리가 알고 있는 흰색보다 더 하얀 흰색이 또 존재한다는 것이다!

이것이 바로 마가가 글로 표현하려고 애썼던 것이 아닐까?

> 그 옷이 광채가 나며 세상에서 빨래하는 자가 그렇게 희게 할 수 없을 만큼 매우 희어졌더라(막 9:3).

Re-인카운터 때 사도 요한이 본 예수님은 눈을 뜨고는 볼 수 없는 양털 같은 머리털을 가지고 있었다.

예수님은 정결, 순수 그 자체다!

2) "그의 눈은 불꽃 같고"

다니엘은 인자에 대해 "그의 눈은 횃불 같고"(단 10:6)라고 했는데, 이 같은 말은 도대체 무슨 뜻일까?

한마디로 그분의 눈앞에 감춘 것이 드러나지 않을 것이 없고 숨은 것이 알려지지 않을 것이 없다는 의미다(마 10:26). 주님은 우리를 감찰하시는 분으로 이 지구상에 그분의 시선에서 벗어나는 일이 하나도 없다.

예수님은 사람을 외모로 판단하지 않으시고, 교회들을 이렇게 책망하셨다.

에베소 교회에

너를 책망할 것이 있나니 너의 처음 사랑을 버렸느니라 (계 2:4),

버가모 교회에

네게 두어 가지 책망할 것이 있나니 거기 네게 발람의 교훈을 지키는 자들이 있도다 … 행음하게 하였느니라 (계 2:15),

두아디아 교회에

네게 책망할 일이 있노라 자칭 선지자라 하는 여자 이세벨을 네가 용납함이니 (계 2:20),

사데 교회에

너는 일깨어 그 남은 바 죽게 된 것을 굳건하게 하라 내 하나님 앞에 네 행위의 온전한 것을 찾지 못하였노니 (계 3:2),

라오디게아 교회에

내가 네 행위를 아노니 네가 차지도 아니하고 뜨겁지도 아니하도다 네가 차

> 든지 뜨겁든지 하기를 원하노라 … 네가 말하기를 나는 부자라 부요하여 부족한 것이 없다 하나 네 곤고한 것과 가련한 것과 가난한 것과 눈먼 것과 벌거벗은 것을 알지 못하는도다 (계 3:15-17)

예수님은 이렇게까지 우리의 마음을 꿰뚫어 보시는 분이다.
그런가 하면, 예수님은 이렇게 칭찬하실 만큼 작은 것도 놓치지 않으시는 분이다.
서머나 교회에

> 내가 네 환난과 궁핍을 알거니와 실상은 네가 부요한 자니라 (계 2:9),

빌라델비아 교회에

> 내가 네 행위를 아노니 네가 작은 능력을 가지고서도 내 말을 지키며 내 이름을 배반하지 아니하였도다 … 네가 나의 인내의 말씀을 지켰은즉 내가 또한 너를 지켜 시험의 때를 면하게 하리니 이는 장차 온 세상에 임하여 땅에 거하는 자들을 시험할 때라 내가 속히 오리니 네가 가진 것을 굳게 잡아 아무도 네 면류관을 빼앗지 못하게 하라 (계 3:8, 10-11).

예수님의 눈은 불꽃같이 빛났다.
인생 최악의 순간에 예수님과 두 눈이 마주친 제자 요한은 그 영광 앞에 주저앉고 말았다.
더 이상 말이 필요 없다.
횃불 같은 예수님의 눈에 요한이 마음속 깊이 품고 있던 아픔, 좌절, 그리고 절망이 드러나고 말았다.

3) "그의 발은 풀무 불에 단련한 빛난 주석 같고"

다니엘 10장 6절에 보면, 이런 말씀이 있다.

> 그의 팔과 발은 빛난 놋과 같고(단 10:6).

예수님은 손과 발에 못 박히신 것이 아니었나?
죽음에서 부활하신 예수님은 제자들을 찾아가시자마자 이렇게 말씀하셨다.

> 내 손과 발을 보고 나인 줄 알라 또 나를 만져 보라(눅 24:39).

그런데 풀무 불에 단련된 빛난 주석 같다는 말은 무엇을 의미하는가?
창세기에 보면, 하나님께서 이렇게 예고하신 적이 있다.

> 내가 너로 여자와 원수가 되게 하고 네 후손도 여자의 후손과 원수가 되게 하리니 여자의 후손은 네 머리를 상하게 할 것이요 너는 그의 발꿈치를 상하게 할 것이니라(창 3:15).

이 말은 여자의 후손, 즉 예수님께서 마귀의 머리를 밟아 버리실 것이라는 뜻이다. 이 말씀은 역사 속에서 그대로 성취되었다.

> 주께서 내 주께 이르시되 내가 네 원수를 네 발 아래에 둘 때까지 내 우편에 앉아 있으라 하셨도다(마 22:44).

마귀 원수를 짓밟은 그 발아래에 요한은 죽은 자처럼 엎드러졌다.

4) "그의 음성은 많은 물소리와 같으며"

> 나는 처음이요 마지막이니 … 너는 보는 것을 두루마리에 써서 … 일곱 교회에 보내라(계 1:11, 17).

이런 말씀은 사실 사람의 목소리와 같은 어떤 음성이라기보다는 폭포와 같은 많은 물소리처럼 들렸다. 에스겔 선지자 역시 하나님의 음성을 가리켜 "많은 물 소리 같고"(겔 43:2)라고 묘사했다.

사실 요한의 입장에서 보면, 예수님의 음성은 꽤 귀에 익은 목소리였다.

> 우리를 반대하지 않는 자는 우리를 위하는 자니라(막 9:40).

> 너희는 내가 마시는 잔을 마시며 내가 받는 세례를 받으려니와 내 좌우편에 앉는 것은 내가 줄 것이 아니라 누구를 위하여 준비되었든지 그들이 얻을 것이니라(막 10:39-40).

> 가서 우리를 위하여 유월절을 준비하여 우리로 먹게 하라(눅 22:8).

내가 떡 한 조각을 적셔다 주는 자가 그니라(요 13:26).

보라 네 어머니라(요 19:27).

이렇게 하신 말씀을 어떻게 잊으랴?

분명히 귀에 익은 목소리였지만, 이제는 폭포 같은 많은 물소리처럼 들렸다. 예수님의 음성은 듣는 이들의 마음에 순종하고자 하는 거룩한 갈망을 불러일으키는 권세 있는 말씀이었다.

그 가르치시는 것이 권위 있는 자와 같고 그들의 서기관들과 같지 아니함일러라(마 7:29).

5) "그의 오른손에 일곱 별이 있고"

곧이어 요한은 예수님의 오른손에 일곱 별이 있음을 목격했다. 성경에서 오른손은 하나님의 능력을 가리킨다.

여호와여 주의 오른손이 권능으로 영광을 나타내시니이다 여호와의 주의 오른손이 원수를 부수나이다(출 15:6).

주께서 사랑하시는 자를 건지시기 위하여 주의 오른손으로 구원하시고 응답하소서(시 60:5).

두려워하지 말라 내가 너와 함께 함이니라 놀라지 말라 나는 네 하나님이 됨이라 내가 너를 굳세게 하리라 참으로 너를 도와 주리라 참으로 나의 의로운

> 오른손으로 너를 붙들리라(사 41:10).

도마가 손가락을 내밀어 본 못 박힌 예수님의 손에 이제는 일곱 별이 있었다.
여기서 일곱 별이란?
예수님이 직접 그 상징성을 이렇게 밝히셨다.

> 일곱별은 일곱 교회의 사자요(계 1:20).

주 예수님의 능력의 오른손이 요한의 몸에 닿았다.

> 그가 오른손을 내게 얹고 이르시되 두려워하지 말라 나는 처음이요 마지막이니 곧 살아 있는 자라 내가 전에 죽었었노라 볼지어다 이제 세세토록 살아 있어 사망과 음부의 열쇠를 가졌노니 그러므로 네가 본 것과 지금 있는 일과 장차 될 일을 기록하라(계 1:17-19).

6) "그의 입에서 좌우에 날선 검이 나오고"

> 가라 네 믿은 대로 될지어다(마 8:13).

> 일어나라(막 5:41).

> 내가 원하노니 깨끗함을 받으라(눅 5:13).

오늘 구원이 이 집에 이르렀으니(눅 19:9).

내가 진실로 네게 이르노니 오늘 네가 나와 함께 낙원에 있으리라(눅 23:43).

이 같은 권위 있는 말씀이 나오는 입에 좌우에 날선 검이 있었다. 여기서 "좌우에 날선 검"이라는 말은 구약 성경에도 여러 차례 등장하지만, 특별히 히브리서 4장 12절에 직설적으로 묘사되어 있다.

하나님의 말씀은 살아 있고 활력이 있어 좌우에 날선 어떤 검보다도 예리하여 혼과 영과 및 관절과 골수를 찔러 쪼개기까지 하며 또 마음의 생각과 뜻을 판단하나니(히 4:12).

사람이 떡으로만 살 수 없고 하나님의 입에서 나오는 모든 말씀으로 살아야 하는데, 예수님의 입에서 나오는 것이 다름 아닌 살아 있는 하나님의 말씀이었다. 하나님의 입에서 한번 나오면 결코 헛되이 돌아가지 아니하고 반드시 보내진 그 목적을 이루는 그 말씀 말이다.

7) "그의 얼굴은 해가 힘 있게 비치는 것 같더라"

양털과 같은 흰 머리털을 목격했을 때처럼, 해같이 빛나는 얼굴을 본 순간 요한은 60년 전의 변화산 사건을 기억했을 것이다.

그들 앞에서 변형되사 그 얼굴이 해같이 빛나며 옷이 빛과 같이 희어졌더라(마 17:2).

전문가들은 사람이 햇빛을 직접 보면 눈이 상한다고 경고한다. 태양망막증(solar retinopathy)부터 시작해서 심지어는 돌이킬 수 없는 시각장애, 등 결과는 참담하다.

이 때문에 방송에서는 일식을 관찰할 때 특수안경을 착용해야 한다는 등 여러 주의사항을 알린다. 예수님의 얼굴이 얼마나 힘 있게 비췄던지 요한은 그 모든 영광을 감당할 수 없어 죽은 자처럼 엎드려지고 말았다.

정리하면, 예수님은 하나님이시기 때문에 변함이 없으시고 회전하는 그림자도 없으시다.

같은 예수님!

그러나 요한계시록에 나타난 그분의 영광은 차원이 다르다!

사도 요한이 목격한 것을 인간의 말로 표현한다는 것 자체가 불가능하다. 밧모섬에서 외롭게 죽을 날만 기다리고 있던 요한은 그 어느 백과사전을 참고하더라도 그가 본 것을 설명할 수 없었으리라!

사도 요한은 예수님을 그렇게 본 적이 없었다.

이것이 바로 Re-인카운터다!

2. 내가 볼 때에 그의 발 앞에 엎드러져

Re-인카운터에는 능력이 따르다.

사도 요한의 경우, 예수님을 다시 만나자마자 그의 발 앞에 엎드러져 죽은 자같이 되었다고 했다. 여기서 "엎드러졌다"(I fell at his feet)는 것은 예수님의 위엄 넘치는 임재 앞에 경배했다는 뜻이다.

에스겔은 네 생물의 비전을 봤을 때 여호와 영광의 형상 모양 앞에 "엎드려"(겔 1:28) 말씀하시는 이의 음성을 들었다고 했고, 다니엘은 가브리엘 천사를 통해 하나님의 말씀을 들었을 때 "얼굴을 땅에 대고 엎드리어"(단 8:18) 깊이 잠들었다고 했고, 환상을 보았을 때도 "몸에 힘이 빠졌고 얼굴을 땅에 대고"(단 10:8-9) 깊이 잠들었다고 했다.

시몬 베드로는 그물이 찢어질 정도로 물고기가 많이 잡히자 "예수의 무릎 아래에 엎드려"(눅 5:8) 자신이 죄인임을 자백했다고 했다.

변화산 사건에서 베드로와 야고보와 요한은 변형된 예수님 앞에 "엎드려"(마 17:6) 심히 두려워했다고 했으며, 다메섹에서 부활하신 예수님을 만난 청년 사울은 하늘로부터 임한 찬란한 빛 때문에 "땅에 엎드러져" "사울아 사울아 네가 어찌하여 나를 박해하느냐"(행 9:4) 하는 주님의 음성을 들었다고 했다.

하루는 미국 남부에서 집회를 인도하고 있었는데 어떤 말씀을 전할지에 대한 확신이 서지 않자 성경책에 몇 개의 설교 원고를 끼고 교회로 향했다. 찬양 시간 내내 기도하는 마음으로 성령님의 인도하심을 받으려고 했으나 끝내 실패했다.

이상했다.

뭔가 심상치 않았다.

본래 몇 주를 앞두고 기도하면 하나님께서 감동을 주시는 것이 상책인데, 그날만큼은 그러지 않았다.

설교 순서가 다가오자 나는 제비뽑기라도 하듯 원고 하나를 들고 강단에 섰다. 그런데 오른손으로 무선 마이크를 들고 회중을 바라보는 순간 갑자기 성령의 임재가 강하게 임했다.

3분가량 지났을까?

말 한마디도 못 했다.

'나 왜 이러지?'

하나님께서 역사하고 계심이 틀림없었다.

내가 아무 말도 하지 않고 강단에서 어린아이처럼 엉엉 우는 동안 이미 회중은 성령을 받고 있었다!

때로는 말이 필요 없다.

예배 순서가 별 의미가 없을 때도 있다.

유명한 스타 강사도 별 볼 일 없다.

주의 성령께서 강하게 임하실 때는 그저 입을 다물고 사도 요한이 그랬던 것처럼 주님의 발 앞에 엎드려 말씀이 들릴 때까지 경배하는 것이 베스트(best)다!

예배가 끝나자마자 그 교회 목사님은 나에게 달려와서 조심스럽게 물었다.

"목사님, 혹시 무엇이라도 보신 게 있으시면 말씀해 주시죠."

그로부터 몇 년이 지났지만, 지금도 나는 인간의 말로 무엇을 경험했다고 표현할 방법을 모르겠다.

그저 예전에 보지 못한 강력한 성령의 임재였다!

여기서 주님의 발 앞에 엎드렸다는 말에 상징적 의미를 부여할 수도 있겠지만, 말 그대로 무릎을 꿇고 엎드려 예배하는 것을 가리킨다. 솔로몬의 성전이 완공된 직후의 예배를 보라.

> 솔로몬이 기도를 마치매 불이 하늘에서부터 내려와서 그 번제물과 제물들을 사르고 여호와의 영광이 그 성전에 가득하니 여호와의 영광이 여호와의 전에 가득하므로 제사장들이 여호와의 전으로 능히 들어가지 못하였고 이스라

엘 모든 자손은 불이 내리는 것과 여호와의 영광이 성전 위에 있는 것을 보고 돌을 깐 땅에 엎드려 경배하며 여호와께 감사하여 이르되 선하시도다 그의 인자하심이 영원하도다 하니라(대하 7:1-3).

3. 성경 속 다시 Re-인카운터

아브라함을 보자.
아브라함이 하나님과의 Re-인카운터를 경험했을 때 그는 "엎드렸더니"(창 17:3) 다음과 같은 약속의 말씀을 들었다고 했다.

> 보라 내 언약이 너와 함께 있으니 너는 여러 민족의 아버지가 될지라 이제 후로는 네 이름을 아브람이라 하지 아니하고 아브라함이 하리니 이는 내가 너를 여러 민족의 아버지가 되게 함이니라(창 17:4-5).

야곱으로 넘어가자.
얍복강 나루터에서 하나님과 씨름을 한 야곱은 이렇게 외쳤다.

> 내가 하나님과 대면하여 보았으나(창 32:30).

본래 하나님의 얼굴을 보고 살 자가 없다고 했다(출 33:20). 그러나 야곱은 살아남았다. 아니, 살아남았을 뿐만 아니라 그의 삶이 180도 변했다.
이어서 모세의 경우를 살펴보자.

가시 떨기나무 가운데서 "나는 네 조상의 하나님이니 아브라함의 하나님, 이삭의 하나님, 야곱의 하나님이니라"(출 3:6) 하는 음성과 함께 하나님께서 자신을 현현하시자 모세는 하나님 뵈옵기를 두려워하며 얼굴을 가렸다고 했다.

이제는 욥의 차례다.

얼마나 자신만만한 사람이었으면 그는 친구들 앞에서 "내가 정의롭다 함을 얻을 줄 아노라"(욥 13:18) 하며 큰소리를 치기까지 했을까?

그러나 폭풍 가운데 하나님께서 임하시자 그는 다음과 같이 자기 자신을 낮추었다.

> 내가 스스로 거두어들이고 티끌과 재 가운데에서 회개하나이다(욥 42:6).

마지막으로 베드로를 보자.

인카운터 시 "주여 나를 떠나소서 나는 죄인이로소이다"(눅 5:8)라고 말했던 그가 Re-인카운터 때에 완전히 달라졌다.

> 내가 주님을 사랑하는 줄 주님께서 아시나이다(요 21:15-17).

베드로는 예수님과의 Re-인카운터를 통해 삶의 변화를 겪고, 성령 충만을 받고, 오순절 이후 힘 있게 은혜의 복음을 전했다.

4. 두려워하지 말라

예수 그리스도는 우리를 다시 만나기를 원하신다.

Re-인카운터의 목적은 우리가 구원을 받지 못해서가 아니라 주님께서 우리를 통해 하실 일을 일러주시는 데 있다.

예수님은 우리 안에 지금까지 경험해 보지 못한 진정한 변화를 일으키기를 원하신다. 사도 요한에게 하셨던 것처럼 지금 이 순간 예수님은 당신 위에 손을 얹으시며 말씀하신다.

"이대로 끝날 것 같으냐?

내가 너를 잊어버렸다고 생각하느냐?

두려워하지 말고, 나의 오른손을 붙잡고 따라오너라."

아니, 머리와 털의 희기가 흰 양털 같고 눈 같으며, 눈은 불꽃 같고, 발은 풀무 불에 단련한 빛난 주석 같고, 음성은 많은 물소리와 같으며, 오른손에 일곱 별이 있고, 입에서 좌우에 날선 검이 나오고, 얼굴은 해가 힘 있게 비치는 것 같은 인자 같은 이는 도대체 누구인가?

질문이 떨어지기 전에 바로 영광의 주님이 말씀하신다.

> 나는 처음이요 마지막이니 곧 살아 있는 자라 내가 전에 죽었었노라 볼지어다 이제 세세토록 살아 있어 … (계 1:17-18).

지금 당장 알파와 오메가이신 주님 앞에 엎드려 경배하자!

아름답고 놀라운 주 예수

말로 할 수 없네

그 측량할 수 없는 위엄

주님과 같은 분 없네

한없는 그 지혜와 사랑

그 누구도 다 알 수 없네

아름답고 놀라운 주 예수 보좌에 앉으셨네

You are beautiful beyond description

Too marvelous for words

Too wonderful for comprehension

Like nothing ever seen or heard

Who can grasp your infinite wisdom

Who can fathom the depths of your love

You are beautiful beyond description

Majesty enthroned above

주님 앞에 내가 서 있네

주 앞에 내가 서 있네

주는 거룩하신 하나님

그 앞에 서 있네

And I stand I stand in awe of you
I stand I stand in awe of you
Holy God to whom all praise is due
I stand in awe of you

제4부
자기 부인

제7장 죽은 자같이

제8장 새 노래

제7장

죽은 자같이

> 내가 볼 때에 그의 발 앞에 엎드러져 죽은 자같이 되매 그가 오른손을 내게 얹고 이르시되 두려워하지 말라 나는 처음이요 마지막이니"(계 1:17).

1. 자기 면류관

예수님을 다시 만난 요한은 그 영광의 광채 앞에 엎드러져 죽은 자같이 되었다. 여기서 "죽은 자같이 되었다"라는 말은 세상에 대해, 육에 대해, 야망에 대해 죽었다는 것을 의미한다. 예수님의 말씀을 기억하자.

> 누구든지 나를 따라오려거든 자기를 부인하고 자기 십자가를 지고 나를 따를 것이니라(마 16:24).

요한계시록 4장은 천상 예배를 공개한다.

모든 것의 중심이 되는 보좌에 앉으신 하나님과 이를 둘러싼 24개의 보좌가 있는데, 각 보좌에 앉은 24명의 장로가 엎드려 각각 머리에 쓴 면류관을 보좌 앞에 드리며 경배하는 장면은 상상만 해도 감동이다.

> 세세토록 살아 계시는 이에게 경배하고 … 우리 주 하나님이여 영광과 존귀와 권능을 받으시는 것이 합당하오니 주께서 만물을 지으신지라 만물이 주의 뜻대로 있었고 또 지으심을 받았나이다(계 4:10-11).

여기서 면류관을 무엇을 뜻하는가?
24명의 장로가 금관을 벗어 보좌 앞에 드린 이유가 무엇인가?
면류관은 자기 공로이자 자랑이다.
열심히 공부해 전국 물리학 대회에서 1등을 한 학생,
독보적 기술을 개발하여 세계 최초로 특허를 따낸 모 그룹의 부장,
올림픽에서 세계 기록을 깬 육상 선수,
상대 빈곤율을 0.1퍼센트대로 낮춰 OECD 국가 중 상대 빈곤율이 가장 낮은 도시로 선정되어 대통령상을 받은 시장,
「뉴욕타임즈」(*New York Times*) 베스트셀러에 3주 연속 1위로 역사상 최다 기록을 깬 신생 작가,
유튜브(YouTube) 역사상 가장 많은 뷰(view)를 기록한 아티스트,
전 세계에서 가장 높은 300층 건물을 세운 건축가,
등 우리가 사는 지구에는 놀라운 업적을 이룬 사람들이 한둘이 아니다.
문제는 이 같은 자랑이 신앙과 엮일 때 발생한다.
21세기의 교회는 어디로 가고 있는가?

그 어떤 유명 설교자(preacher)도 화려한 교회 건물도 예수님보다 칭송되어서는 안 되는 법, 그래서일까?

가슴 아픈 일이지만, 하나님께서 일부 스타 목사와 교회가 무너짐으로써 사회적 지탄을 받는 것을 때로는 허용하시는 것 같기도 하다. 이를 통해 교회는 회복되고 본질로 돌아간다.

그 어떤 경우에도 사람이 아이돌(idol)이 되면 안 된다.

최소한 신앙이라고 하는 범주에서 재조명해 보면, 인간이 지나치게 스포트라이트(spotlight)를 받으면 받을수록 예수의 이름이 그만큼 높임을 받지 못하게 되어 있다는 단순한 공식을 인식해야 한다.

> 우리는 무익한 종이라 우리가 하여야 할 일을 한 것뿐이라 할지니라 (눅 17:10).

알고 보면, 대단한 것도 아니다.
이름이 알려져 봤자 거기서 거기다.
자랑할 것도 거만할 이유도 없다.
사람들이 알아봐 줘도 그만, 안 알아봐 줘도 그만이다.
인간의 면류관이 주님의 영광을 가릴 수는 없다.
그 어떤 '축복'도 축복을 주시는 분보다 중요할 수는 없다!

조국 교회가 초대 교회처럼 사회로부터 인정을 받고 살아남으려면 섬김의 낮은 자세로 돌아가는 길 외에 없다. 그러므로 계속 높아지려고만 하지 말고 우리 주의 종들부터 낮아지자. 우리 주님이 그러하셨던 것처럼 수건을 허리에 두르고 성도들의 발을 씻겨 주자. 그것이 사역의 본질이다.

그는 흥하여야 하겠고 나는 쇠하여야 하리라 (요 3:30).

우리의 면류관이 예수님보다는 중요하지 않지 않은가?
금관을 내려놓고 오직 예수님만을 자랑하자.

그러나 내게는 우리 주 예수 그리스도의 십자가에 외에 결코 자랑할 것이 없으니 그리스도로 말미암아 세상이 나를 대하여 십자가에 못 박히고 내가 또한 세상에 대하여 그러하니라 (갈 6:14).

언젠가 어느 한 교회 목사님께서 외국에서 오신 강사를 소개한 것을 본 적이 있는데, 완전히 감동했다.
"오늘 우리에게 말씀을 증거하실 목사님에 대해 말할 것 같으면 … 그저 예수님을 많이 사랑하시는 분이라는 것입니다."
바로 그거다!
이 정도면 엄지 척!
우리 믿는 사람들은 인간 중심의 신앙에서 말씀 중심의 믿음으로 업그레이드(upgrade) 되어야 한다.
모든 영광과 존귀와 능력을 받으시기에 합당하신 분이 경배를 받을 수 있도록 우리는 좀 옆으로 비키자.
인간의 영화는 지나가지만, 예수의 이름은 영원하다.
24명의 장로가 그랬던 것처럼 자기를 철저히 부인하라.
지금까지 이룬 의를 내세우지 말라.
자기 자랑은 그 정도면 됐다.
여태껏 그 정도로 박수를 받았으면 충분하다.

24명의 장로가 보좌 앞에 금관을 벗어던지기까지는 쓰고 있었다. 그러나 이제는 당신과 나의 이름이 아닌 예수의 이름이 하늘과 땅에서 높임을 받을 때다. 면류관은 더 이상 우리 머리 위에 있으면 안 된다. 서둘러 벗어 보좌에 앉으신 이 앞에 내려놓아라. 온 우주 만물의 중심은 내가 아닌 그리스도 예수님이다.

예수 모든 중심 되시네
예수 모든 중심 되시네
오직 예수만이
처음과 마지막 되시네 예수

Jesus at the center of it all
Jesus at the center of it all
From beginning to the end
It will always be, it's always been you Jesus Jesus

그 어떤 것으로도 나의 맘 채울 수 없네
예수 나의 중심 모든 것 다스리시네
예수 모든 중심 되시네
모든 중심 되시네

Nothing else matters, nothing in this world will do
Jesus you're the center, everything revolves around you

Jesus you, at the center of it all
The center of it all

2. 하나님의 부르심은 세상의 부름보다 크다

예수님의 발 앞에 엎드러져 죽은 자같이 되었다고 하는 말은 자기를 철저히 부인했다는 것을 가리킨다.

자기 부인은 면류관을 벗는 동작에서부터 시작되는데, 최우선으로 모든 존귀를 받으시기에 합당하신 이와 견줘 봤을 때 내 머리에 쓴 면류관이 아무것도 아니라는 확신이 서야 한다.

그동안 성취한 것을 다 잊어버려라.

세상의 영광을 사랑하면 안 된다.

미련이 남으면 안 된다.

자기 부인은 언젠가 가입했던 관심 분야의 이메일 구독을 취소하는 것과 같다. 그런데 이게 생각만큼 쉽지 않다. '구독 취소'(unsubscribe)를 누르는 순간 자동으로 취소 이유를 묻는 일종의 설문 팝업창이 뜬다. 근데 질문이 한두 개가 아니다.

'어차피 스팸 메일에 차곡차곡 쌓일 텐데 그냥 내버려 둘까?'

이런 순간에 '구독 취소 완료' 알림창이 뜬다. 다행이다.

만일 당신이 뉴스레터를 더 이상 달갑게 반기지 않아 '구독 취소'를 하려고 했는데 안 된다면, 설정에 들어가서 알림음을 차단하든지, 그것도 안 되면 스마트폰 전원을 꺼버리라!

당신이 진정으로 필요로 하는 것은 따로 있다!

세상은 출애굽 당시 바로왕처럼 '멀리 가지 말라'고 하지만, 모세처럼 '멀리 떠나라!'

그것이 살길이다.

하나님의 부르심은 세상의 부름보다 크다.

지인 중에 한평생을 동남아 선교를 위해 헌신한 어느 한 미국인 선교사가 있다. 젊은 시절 해외에서 하나님을 섬기겠다고 한 그의 포부를 어머니는 말릴 수가 없었다. 그래도 아들의 얼굴을 일 년에 최소한 한 번 보는 것으로 위안을 삼아 왔다.

그러던 어느 날이었다. 어머니의 표정에는 세월의 흔적이 고스란히 새겨져 있었고, 몸은 힘없는 촛불처럼 조금씩 꺼져가고 있었다. 고령의 어머니는 아들의 손을 붙잡고 눈물을 보이며 어렵게 말을 꺼냈다.

"우리 아들. 어쩌면 이게 마지막일지도 몰라.

너의 사역을 통해 하나님이 영광을 받으셨으면 … 됐다.

내년에 다시 볼 수 있을까?"

선교지로 돌아온 지 2주 정도 지났을까?

그 선교사는 지구 반대편에서 모친이 돌아가셨다는 소식을 접하게 되었다. 때로는 주님을 섬기는 일에는 아픔이 따른다.

그래도 하나님을 섬겨야 하는 이유는?

하나님의 부르심이 세상의 부름보다 크기 때문이다!

세상은 올라가라고 하지만, 하나님은 내려가라고 하신다.

세상은 이기라고 하지만, 하나님은 지라고 하신다.

세상은 채우라고 하지만, 하나님은 비우라고 하신다.

세상은 자신을 높이라고 하지만, 하나님은 낮추라고 하신다.

세상은 야망을 품으라고 하지만, 하나님은 포기하라고 하신다.

세상은 손에 더 움켜쥐라고 하지만, 하나님은 베풀라고 하신다.
세상은 남을 짓밟으라고 하지만, 하나님은 섬기라고 하신다.
세상은 일등석을 타고 선진국을 가는 당신을 최고라고 하지만,
하나님은 소명을 받아 삼등석을 타고 어디론가 가고 있는 당신과
함께하신다.
세상의 기준과 하나님의 기준은 근본적으로 다르다.
세상은 "주라 그리하면 너희에게 줄 것이니"(눅 6:38)라는 기독교
정신을 역설적이라고 평가하지만,
하나님을 어린 시절부터 지금까지 섬겨 온 우리에게는 당연하다.
우리의 모델은 자기를 비워 사람들과 같이 되신 예수님이다.

> 자기를 낮추시고 죽기까지 복종하셨으니 곧 십자가에 죽으심이라(빌 2:8).

이렇게까지 낮아지셨는데도 불구하고 인간은 예수님을 알아보지 못했다.

> 자기 땅에 오매 자기 백성이 영접하지 아니하였으나(요 1:11).

시간 날 때마다 나는 예수님의 입장을 묵상해 본다.
'주님, 하늘의 모든 영광을 버리고 더럽고 냄새나는 이 땅에 오신 이유가 무엇인가요?'
'주님, 뭐가 아쉬우셔서 인간의 모든 짐을 대신 짊어지셨어요?'
'주님, 무엇 때문에 이 땅에서 그토록 멸시와 버림을 받으면서까지 참으셨나요?'

이럴 때면 주님의 음성이 살며시 들려오는 듯하다.
"사랑 때문이란다."

> 하나님이 세상을 이처럼 사랑하사 독생자를 주셨으니 이는 그를 믿는 자마다 멸망하지 않고 영생을 얻게 하려 하심이라 (요 3:16).

> 유월절 전에 예수께서 자기가 세상을 떠나 아버지께로 돌아가실 때가 이른 줄 아시고 세상에 있는 자기 사람들을 사랑하시되 끝까지 사랑하시니라 (요 13:1).

3. 마지막 산당을 제거하라

열왕기하 15장 4절에 보면, 다윗의 길로 행하는 등 하나님이 보시기에 선을 행한 왕들마저 못한 것이 하나 있었는데, 그것이 바로 산당(high place)을 제거하는 일이었다.

이로써 하나님의 백성은 여호와 하나님께 제사도 드리고 산당에서 이방 신에게 제사를 드리며 분향함으로써 제1계명, 즉 "너는 나 외에는 다른 신들을 네게 두지 말라" 하는 말씀을 불순종했다.

어쩌면 이것이 팬데믹 시기를 거친 우리의 모습이 아닐까?

하나님을 섬기고, 교회에 출석하며, 헌신도 하고, 하나님 나라의 개념도 나름대로 뚜렷하다.

그러나 무너뜨리지 못한 마음의 '산당'이 있다.

마지막 산당을 제거하지 않는 이상 온전히 하나님을 섬길 수 없다.

속으로는 '이것만큼은 안 돼'라고 하는데, 결과적으로 자기를 부인하지 않고 예수님의 제자가 되겠다고 하는 격이 되기 때문에 언젠가는 의의 길에서 탈락하고 만다.

그런 의미에서 나는 사도 바울의 마지막 서신서를 다시 음미해 볼 필요가 있다고 여긴다.

학자들에 따르면, 시기적으로 볼 때 디모데후서가 최후의 서신서다. 사도 바울은 얼마 안 있으면 이제 곧 세상을 뜰 것이라고 짐작하고 있는 듯하다.

> 전제와 같이 내가 벌써 부어지고 나의 떠날 시각이 가까웠도다(딤후 4:6).

여기서 '전제'(drink offering)란, 구약의 제사법 중 하나로서 제물 위에 술을 부어 드리는 제사를 가리킨다(민 15:5). 사도 바울은 한평생 섬겨 온 주님을 위해 인생의 마지막 순간에도 하나도 남김없이 온전히 부어지기를 원했다. 이 정도면, 자기 부인이 아니라 죽는 것이라고 해야 옳을 것이다.

죽을 각오를 하지 않고서는 자기 자신을 전제로 드린다는 말을 함부로 내뱉을 수는 없을 것이다. 자기 부인은 세상으로부터 오는 인정에 대해 철저히 죽고, 오직 하나님께만 영광을 드리는 삶이 동반된다.

예수님의 발 앞에 엎드러져 죽은 자같이 되는 것은 자기중심적 사고에서 벗어나 오직 예수님 중심의 삶을 살겠다고 헌신하는 것을 가리킨다.

보좌 앞에 면류관을 내려놓는다는 말은 더 이상 세상의 잣대로 살아가지 않고 하나님의 소명을 따라 살겠다는 것을 의미한다.

당신의 마음속 깊이 자리잡힌 마지막 산당은 하나님의 거룩한 임재 앞에 무너져야 한다!

나는 당신의 이름이 그 어디에도 기재되지 않으면 좋겠다.

주변 사람들이 지나치게 높여 주는 것을 좋아하지 않았으면 한다.

무대에 올라가서 상 받는 것을 추구하지 않았으면 하는 마음이다.

이 땅에서 너무 많이 받으면, 하늘나라에 가서 받을 게 없다.

그리고 이런 것도 언젠가부터 중독된다!

어차피 우리 머리 위에 쓰인 면류관은 얼마 가지 않을 것이다.

사도 요한의 이야기로 돌아가서, 그는 엎드러져 죽은 자같이 되었다고 했는데, 이는 그가 세상에 대해, 육에 대해, 야망에 대해 죽었다는 것을 뜻한다.

24명의 장로가 보좌 앞에 금관을 드렸다는 것은 오직 하나님만이 모든 영광과 존귀와 감사를 받으시기에 합당하신 분이고 자신들은 아무것도 아님을 인정했다는 의미다.

24명의 장로를 따라 우리 역시 보좌 앞에 엎드려 세세토록 살아계신 이를 예배하자. 우리의 면류관을 보좌 앞에 벗어던지며 찬양하자.

> 세세토록 살아 계시는 이에게 경배하고 자기의 관을 보좌 앞에 드리며 이르되 우리 주 하나님이여 영광과 존귀와 권능을 받으시는 것이 합당하오니 주께서 만물을 지으신지라 만물이 주의 뜻대로 있었고 또 지으심을 받았나이다(계 4:10-11).

당신의 면류관은 당신이 이 땅에서 이룬 그 어떤 업적도 성공도 신기록도 아닌 오직 예수 그리스도와 함께 있는 것이다.

주 발 앞에 무릎 꿇고 그 사랑에 나 안기네
어떤 말도 그 어떤 소리도 그 발 앞에서 잠잠해지네
주 나의 사랑 그 발 앞에 앉아
내 모든 기도는 사랑의 노래가 되네

Junto a tus pies quiero posar
Por tu amor dejarme llevar
Junto a tus pies no se articular
Ninguna voz tiene lugar
Junto al Maestro, me quiero sentar
Decirle le amo, en oracion

주의 옷자락 만지며 주의 두 발을 씻기며
주님 그 발에 입 맞추며 나의 왕관을 놓으리
주의 옷자락 만지며 주의 두 발을 씻기며
주님 그 발에 입 맞추며 나의 왕관을 놓으리

Tocar tu manto, Señor
Lavar los pies de mi Dios
Saber que mi corona
Es estar junto a ti

제8장

새 노래

> 이십사 장로들이 보좌에 앉으신 이 앞에 엎드려 세세토록 살아 계시는 이에게 경배하고 자기의 관을 보좌 앞에 드리며 이르되 우리 주 하나님이여 영광과 존귀와 권능을 받으시는 것이 합당하오니 주께서 만물을 지으신지라 만물이 주의 뜻대로 있었고 또 지으심을 받았나이다 하더라 (계 4:10-11).

1. 어디로 가야 하나?

'어디'(where)라는 질문은 인간이라면 누구나 겪는 커다란 딜레마(dilema)일 수 있다.

큰 포부를 갖고 새해 들어 창업에 도전했지만 기대했던 수입이 따르지 않자 몇 개월째 월세가 미납되어 새로운 임대를 구해야 하는 2030 세대 젊은 사장의 입장에서 볼 때 '어디'라고 하는 것은 보통 심각한 문제가 아니다.

사실 인간이라는 존재는 항상 새로운 장소를 모색 중이다.

예수님과 제자들도 같은 붕 뜬(?) 상황에 놓였다.

이제 곧 유월절이 다가오는데, 만찬을 준비할 장소가 없었다.

도대체 어디로 가야 하는가?
바로 그 순간 주님께서 이렇게 말씀하셨다.

> 우리를 위하여 유월절을 준비하여 우리로 먹게 하라(눅 22:8).

베드로와 요한은 뜬금없는 요청에 이렇게 대꾸했다.

> 어디서 준비하기를 원하시나이까(눅 22:9).

우리가 믿는 하나님은 "여호와 이레", 즉 예비하시는 하나님이시다. 나 같으면 벌써 '멘탈 붕괴'가 오고 밤잠을 설쳤을 것이다. 이 상황을 놓고 한숨을 내쉬며 답답해하는 제자들에게 예수님은 다음과 같이 차분한 목소리로 설명하셨다.

> 너희가 성내로 들어가면 물 한 동이를 가지고 가는 사람을 만나리니 그가 들어가는 집으로 따라 들어가서 그 집 주인에게 이르되 선생님이 네게 하는 말씀이 내가 내 제자들과 함께 유월절을 먹을 객실이 어디 있느냐 하시더라 하라 그리하면 그가 자리를 마련한 큰 다락방을 보이리니 거기서 준비하라(눅 22:10-12).

아무리 주님이 전지하신 분이라고는 하지만, 이렇게까지 세밀하신 분이라니!
대책이 있었구나!
예수님은 정말 멋진 분이시다!

최소한 13명이 편안하게 앉을 수 있는 넓은 공간이 필요했는데 큰 다락방이 이미 준비되어 있었다니!

바로 그곳에서 우리 주님은 최후의 만찬(the Last Supper)을 드신 후 제자들에게 자기 죽음을 예고하셨다.

2. 갈보리로 가라

요한계시록 1장 17절에 요한이 인자 같은 이 앞에 "엎드러져 죽은 자같이 되었다"는 말을 주목하라.

사실 우리가 가야 할 곳은 이 지구상에 존재하는 어느 물리적 공간이라기보다는 주님을 인격적으로 만날 수 있는 영적 공간이다. 요한의 입장에서 볼 때, 그는 주님과의 Re-인카운터 직후 풀려나 밧모섬을 벗어난 것이 아니다.

사도 요한에게 절실했던 것은 편안하게 발 뻗고 누울 수 있는 원룸이 아니라 자신의 자아에 대해 죽을 수 있는 주님의 발 앞이었다.

예수님은 인류의 죄를 대속하기 위해 십자가를 지시고 '해골'이라는 뜻의 골고다 언덕길을 오르셨다. 예수님의 뜻은 따로 있었다.

> 내 아버지여 만일 할 만하시거든 이 잔을 내게서 지나가게 하옵소서 (마 26:39).

그러나 최종적으로 아버지의 뜻에 순종함으로써 자신을 맡기셨다.

> 그러나 나의 원대로 마시옵고 아버지의 원대로 하옵소서(마 26:39).

전형적 1.5세대 PK(pastor's kid)로 외국에서 자란 나는 소명을 받자마자 유학길에 올랐다. 아무래도 목회 사역을 배우기에는 우리나라만한 곳이 없다는 생각 때문이었다.

그런데 막상 학업과 사역을 병행해 보니 어느새 한국이 너무 좋아졌다!

고민은 그때부터 시작되었다.

하나님은 나에게 중남미에서 쓰려고 계획을 다 세워 놓으셨는데, 내 생각은 달랐다. 곧이어 나는 불면증에 시달리기 시작했다.

그렇게 몇 년이 흘렀다.

비행기를 타고 선교지로 돌아올 때 나는 창밖을 내다보며 온종일 울었다. 실패와 좌절, 두려움이 한꺼번에 몰려왔다.

내가 가야 하는 곳은 어디인가?

알고 보니, 하나님이 내게 요구하셨던 것은 특정 국가라는 물리적 공간보다는 예수님의 발 앞에서 깨지고 죽는 영적 장소였다.

하루는 설교 준비를 하려고 창세기 말씀을 묵상하고 있던 와중에 주의 성령께서 강하게 말씀하셨다.

> 여호와께서 이삭에게 나타나 이르시되 애굽으로 내려가지 말고 내가 네게 지시하는 땅에 거주하라 이 땅에 거류하면 내가 너와 함께 있어 네게 복을 주고 내가 이 모든 땅을 너와 네 자손에게 주리라 내가 네 아버지 아브라함에게 맹세한 것을 이루어 네 자손을 하늘의 별과 같이 번성하게 하며 이 모든 땅을 네 자손에게 주리니 네 자손으로 말미암아 천하 만민이 복을 받으리

> 라 이는 아브라함이 내 말을 순종하고 내 명령과 내 계명과 내 율례와 내 법도를 지켰음이라 하시니라(창 26:2-5).

여기서 "이 땅"(this land)은 최소한 나에게 있어 중남미였다. 원고에 눈물이 뚝뚝 떨어져 새 종이를 꺼내 다시 써야 할 만큼 마음에 크게 와닿았다. 그 이후로 나는 이삭의 신앙을 본받아 주님이 언젠가 다시 특별히 지시하실 때까지 움직이지 않고 머물기로 했다.

나에게 있어 중남미는 예수님의 발 앞을 상징한다.

얼마 전 나는 꿈을 꾸었다. 나는 개인적으로 우리나라 계곡을 참 좋아하는데, 꿈에서 계곡 옆에서 낮잠을 자고 있었다. 그런데 바로 코앞에 내가 예전에 부교역자로 섬겼던 담임목사님의 사택이 있었다.

그리고 저 너머 외할머니 집이 보였다.

'분명히 목사님이 나오셔서 나한테 뭐를 하라고 심부름을 시키실 텐데 …'

이런 생각을 하면서 또다시 곯아떨어졌다.

분위기가 이상할 정도로 한적했다. 따스한 햇볕 아래 계곡의 ASMR을 듣는 듯한 느낌은 오랜만에 느껴 보는 여유였다. 갑자기 이런 생각이 내 안에 꿈틀거리기 시작했다.

'무엇인가 하고 싶다. 주님을 위해 일하고 싶다.

그런데 목사님은 왜 집에서 안 나오시는 거지?

왜 오늘따라 일을 시키지 않으시는 걸까?'

바로 그때 주님의 음성이 들렸다.

"너는 여기서 아무것도 할 일이 없다.

그냥 돌아가!"

꿈에서 깨어나자마자 주님이 다시 한번 말씀하셨다는 것을 알아차리고 거룩한 뜻을 알려 주신 하나님께 감사 기도를 드렸다.

지금도 가끔 내가 그때 불순종했다면 어땠을까 하는 인간적 생각에 잠길 때가 있다.

나도 잘 모르겠다.

그러나 그때 내가 순종함으로써 예수님의 발 앞에서 내 자아와 욕심, 야망에 대해 완전히 죽었다는 것만큼은 틀림없다. 이 때문에 지금 이 순간도 이 지구 반대편에서 살든지 죽든지, 흥하든지 망하든지, 일이 잘 되든지 안 되든지, 나는 100퍼센트 하나님의 뜻 안에 있음을 안다.

어쩌면 당신의 케이스(case)는 좀 다를지도 모른다. 나는 지금 당신에게 모든 것을 정리하고 아프리카 오지로 떠나라고 하는 말이 아니다.

그러나 영적으로 어쩌면 이사가 필요할지도 모른다.

오늘날 사람들은 에덴에 머물기를 좋아한다. 에덴동산은 모든 것이 완벽하게 구비된 지상낙원이다. 그런가 하면, 어떤 일이 있어도 가나안 땅을 떠나지 않겠노라고 이를 악무는 이들도 있다.

가나안은 젖과 꿀이 흐르는 땅, 즉 풍요가 넘치는 여유로운 생활을 가리킨다. 그런데 갈보리를 가겠다고 하는 사람들은 찾아보기 힘들다.

그들에게는 마태복음이 26장까지만 있는 것 같다.

갈보리는 27-28장에 나와 있는데도 말이다.

마가복음도 14장까지만 읽으려고 한다.

15-16장은 아예 쳐다보지도 않는다.

누가복음 22장, 그 정도면 많이 읽었다고 생각한다.
'굳이 23-24장까지 읽어야 하나?'
변명한다.
요한복음도 18장까지!
19-21장은 좀 과하다고 여긴다.
이왕 가는 것, 끝까지 가라!
예수님도 갈보리까지 이르러 생명을 내놓으셨다. 사도 요한이 예수님의 발 앞에 엎드러졌다는 말은, 쉽게 말해 죽었다는 의미다. 24명의 장로가 금관을 벗었다는 이야기는 오직 보좌에 앉으신 하나님만이 모든 영광과 존귀와 권능을 받으시기에 합당하신 분이라는 것을 고백했다는 뜻이다.

그러므로 무명의 자리를 박차고 나오라.

다른 사람들과 비교하면서 스스로를 가스라이팅(gaslighting) 하지 말라.

당신 스스로의 인생을 살라.

지금 당장 갈보리 동산으로 서둘러 가라.

그곳에서 Re-인카운터를 체험하라.

갈보리산 위에 십자가 섰으니
주가 고난을 당한 표라
험한 십자가를 내가 사랑함은
주가 보혈을 흘림이라

On a hill far away stood an old rugged cross
The emblem of suffering and shame
And I love that old cross where the dearest and best
For a world of lost sinners was slain

최후 승리를 얻기까지
주의 십자가 사랑하리
빛난 면류관 받기까지
험한 십자가 붙들겠네

So I'll cherish the old rugged cross
Till my trophies at last I lay down
I will cling to the old rugged cross
And exchange it someday for a crown

3. 새 노래

예수님의 발 앞에 엎드리자마자 요한은 이런 음성을 들었다.

> 두려워하지 말라 나는 처음이요 마지막이니 곧 살아 있는 자라 내가 전에 죽었노라 볼지어다 이제 세세토록 살아 있어 사망과 음부의 열쇠를 가졌노니(계 1:18).

예수님과의 Re-인카운터를 경험한 사도 요한은 '새 노래'(a new song), 즉 또 다른 차원의 찬양을 드리기 시작했다. 이 때문에 예수님의 지시를 따라 그의 이름을 내건 마지막 책을 집필할 때 요한은 인사말과 함께 '독솔로지'(doxology), 즉 송영을 삽입했다.

> 그에게 영광과 능력이 세세토록 있기를 원하노라(계 1:6).

사도 요한은 새 노래의 신세계를 경험하는 중이었다.

우리 주변에 무슨 내용인지는 잘 모르지만, LED 스크린에 비친 가사를 보고 흥얼거리는 찬양, 혹은 사회자가 일어서라고 해서 자리에서 일어나 다른 사람들이 얼마나 노래를 잘하는지를 구경하는 흔한 찬양 순서의 풍경이 아니라, 타인의 시선보다는 하나님의 거룩한 임재 앞에 엎드려 두 손 들고 감사가 넘치는 깊은 찬양이 있기를 기대해 본다.

형식과 틀에 갇힌 메마른 예배가 아닌 신령과 진정으로 드리는 살아 있는 예배와 이렇게 예배하는 예배자 한 명만 있으면 신기하게도 그런 유형의 예배자들이 모이기 시작해 마침내 새로운 예배자 세대가 일어난다!

   천상 예배는 요한계시록 4-5장에 잘 나타나 있다.

   하나의 원을 상상해 보라.

   맨 중앙에 보좌에 앉으신 성부 하나님이 계시다.

   그다음에 보좌를 둘러싼 네 생물이 있다.

   이어서 24명의 장로가 등장한다.

   좀 더 뒤에 수천수만 천사들이 있다.

   마지막으로 원의 맨 끝에 하늘 위에와 땅 위에와 땅 아래와 바다 위에 모든 피조물이 있다.

   이들 모두는 하나님을 찬양하고 있다.

   네 생물은 밤낮 쉬지 않고 하나님을 예배한다.

> 거룩하다 거룩하다 거룩하다 주 하나님 곧 전능하신 이여 전에도 계셨고 이제 계시고 장차 오실 이시라(계 4:8).

24명의 장로가 주를 찬양하며 관을 보좌 앞에 드린다.

> 우리 주 하나님이여 영광과 존귀와 권능을 받으시는 것이 합당하오니 주께서 만물을 지으신지라 만물이 주의 뜻대로 있었고 또 지으심을 받았나이다(계 4:11).

수천수만 천사들은 큰 음성으로 어린양께 영광을 돌린다.

> 죽임을 당하신 어린 양은 능력과 부와 지혜와 힘과 존귀와 영광과 찬송을 받으시기에 합당하도다(계 5:12).

마지막으로 하늘 위에와 땅 위에와 땅 아래와 바다 위에와 그 가운데 있는 모든 피조물이 하나님을 높인다.

> 보좌에 앉으신 이와 어린 양에게 찬송과 존귀와 영광과 권능을 세세토록 돌릴지어다(계 5:13).

3년 반 동안이나 예수님을 따라다녔던 사도 요한이었지만, 이 같은 예배 광경은 처음이었다.
아무리 최고속 5G 시대라고 해도 상대방과 직접 얼굴을 보면서 대화를 나눌 수 있는데, 화상채팅을 고집할 이유는 없다.

> 우리가 지금은 거울로 보는 것 같이 희미하나 그 때에는 얼굴과 얼굴을 대하여 볼 것이요 지금은 내가 부분적으로 아나 그 때에는 주께서 나를 아신 것 같이 내가 온전히 알리라(고전 13:12).

그냥 노래면 노래지, 새 노래는 또 무엇인가?
예수님께서 직접 두루마리를 취하시고 인봉을 떼시는 순간 네 생물과 24명의 장로가 한 말에 집중하라.

> 그들이 새 노래를 불러 이르되(계 5:9).

새 노래(a new song)!

> 두루마리를 가지시고 그 인봉을 떼기에 합당하시도다 일찍이 죽임을 당하사 각 족속과 방언과 백성과 나라 가운데에서 사람들을 피로 사서 하나님께 드리시고 그들로 우리 하나님 앞에서 나라와 제사장들을 삼으셨으니 그들이 땅에서 왕 노릇 하리로다 하더라(계 5:9-10).

우리가 매일같이 새 노래를 부를 수 있는 이유는 하나님께서 날마다 새 일을 행하시기 때문이다. 어쩌면 당신은 예배 인도자도 찬양 사역자도 아닐 수 있다. 그러나 지금 여기서 말하려는 것은 당신이 찬양을 얼마나 즐겨 듣는지 또는 부르는지 하는 것이 아니다.

모세는 정치가였다.

그의 노래 실력이 얼마나 대단했는지는 알 수 없다.

그런데도 그가 홍해를 건너자마자 이스라엘 민족을 무대 삼아 어떻게 찬양을 인도했는지를 보라.

> 여호와는 나의 힘이요 노래시며 나의 구원이시로다 그는 나의 하나님이시니 내가 그를 찬송할 것이요 내 아버지의 하나님이시니 내가 그를 높이리로다 여호와는 용사시니 여호와는 그의 이름이시로다(출 15:2-3).

사도 요한처럼 당신만의 송영을 작사·작곡해 보라!

> 영광과 능력이 세세토록 있기를 원하노라 아멘(계 1:6).

당신이 새 노래를 부르는 순간 잠시 그쳤던 성령의 운행하심은 다시 강하게 흐르기 시작할 것이다. 지금 이 순간 하나님께서 당신의 입술에 새 노래를 허락하신다.

> 새 노래로 여호와께 찬송하라 그가 기이한 일을 행하사 그의 오른손과 거룩한 팔로 자기를 위하여 구원을 베푸셨음이로다(시 98:1).

제5부

사명

제9장 사명은 끝나지 않았다

제10장 하나님의 계획은 크다

제9장

사명은 끝나지 않았다

> 이르되 네가 보는 것을 두루마리에 써서 에베소 서머나 버가모 두아디라 사데 빌라델비아 라오디게아 등 일곱 교회에 보내라 하시기로(계 1:11).

1. 누가요, 제가요?

역사가들은 사도 요한이 도미티아누스(Domitianus) 황제가 죽고 네르바(Nerva) 황제가 AD 96년 즈음해 등극함으로써 석방되기까지 밧모섬에 약 18개월 동안 노예의 신분으로 머물렀다고 입을 모은다.

다시 말해, 요한이 가장 외롭고 힘든 시기에 예수님은 그를 찾아가 다시 만나 주신 것이다.

요한은 자기 스스로를 가리켜 "사랑하시는 제자"라고 할 정도로 예수님과의 사이가 각별했다.

이 때문일까?

예수께서는 갈보리 언덕 위에서 요한에게 그의 모친 마리아를 의탁하시기까지 했다. 이 정도면 신뢰의 끝판왕이다.

그러나 그것은 60년 전에 있었던 일이다!

요한은 더 이상 "주여 우리가 불을 명하여 하늘로부터 내려 저들을 멸하라 하기를 원하시나이까"(눅 9:54)라고 하며 감정 조절을 잘하지 못할 정도로 열정이 넘치는 2030 세대가 아니었다.

요한의 나이는 90을 훌쩍 넘었을 정도로 세월이 흘렀다.

한때 주님을 같이 따라다녔던 동료 중에 살아 있는 사람은 아무도 없었을 것이다.

무엇인가 하고 싶고, 또한 할 수 있는 시기가 지났다.

그는 노년기를 맞아 매우 쇠약한 상태다.

그것도 모자라 지중해 외딴 섬에서 강제 노동을 하고 있었으니 요즘과 같은 고령화 사회의 분위기 속에서 "아 예 … 저희 회사는 나이 제한이 있어서요"라고 하는 거절이 왠지 서글플 뿐만 아니라 남의 이야기 같지 않다. 정년 퇴직이나 조기 은퇴를 한 이들이라면 요한의 상황을 100퍼센트 공감할 것이다.

요한은 이런 곳이 아니면 자기를 받아주는 데가 없을 정도로 힘이 없다. 아니, 이제 곧 강제 이송을 당하면 어디로 가야 할지가 막막하다.

이럴 때면 이런 생각마저 든다.

'그냥 차라리 여기서 계속 지낼 수 있는지 문의라도 해 볼까?'

이 같은 정황을 볼 때 사도 요한은 마지막 날들에 대한 계시를 받을 만한 적임자가 아닌 것 같다.

무엇을 시키기에는 좀 무리가 있어 보인다.

잘할 수 있을지 미지수다.

쓰지도 않는 어플은 빨리 지우는 게 낫다.

미안한 이야기이지만, 자격 요건이 미달이다.

그러나 상한 갈대를 꺾지 않으시고 꺼져 가는 등불을 끄지 않으시는 주님께서는 노년의 사도 요한과의 Re-인카운터를 위해 그를 다시 찾아가셨다.

세상이 나를 버릴 때 주님은 우리를 부르신다.

예수님의 '위치 추적'은 정확하다.

실시간으로 우리가 어디에 있는지를 점검하시며 우리를 돌보신다.

"주님? 예수님 맞지요?

정말 오랜만입니다!

그런데 왜 저를 다시 찾아오셨지요?

젊었을 때는 몰라도 지금은 안 됩니다."

사도 요한에게는 나이가 문제였다. 그러나 사실 우리 모두에게는 하나님으로부터 콜링(calling)을 받는다는 것 자체가 여러모로 부담스러운 것이 사실이다. 하나님 나라를 위해 무엇인가를 하기에는 왠지 부족한 것처럼 느껴진다.

이럴 때면 하늘에서 날아온 한 통의 이메일(email)이 혹시 스팸(spam)이 아닐까 의심스럽기까지 한다.

"나는 못합니다."

"나는 무능합니다."

"나는 돈이 없습니다."

온갖 변명을 늘어놓으면서 안 된다고는 하지만, 사실 다른 사람의 그림자에 숨은 채 남의 성공을 우리의 실패에 투사하고자 하는 심리가 우리 마음에 있다.

이를테면, 유명 설교자의 영상에 '구독'과 '좋아요'를 누르는 것, 어느 환경단체에 가입해 기부금을 정기적으로 납부하는 것, 자기가 좋아하는 축구팀이 더비(derby match)에서 이겼다고 친구들에게 한턱을 내는 것 등에는 '워너비'(wanna be part of it)라는 심리가 감추어 있을 수 있다.

내가 할 수 없으니까, 내 현실이 따라주지 않으니까, 나는 이룬 게 별로 없으니까 그 같은 인물, 단체 및 신화를 찾는 것이다.

이 같은 현상 그 자체를 놓고 좋다 나쁘다를 이야기할 수는 없다. 어디까지가 취미고, 어디서부터 그런 심리가 도사리고 있는지는 아무도 모른다.

그러나 무명의 자리에서 주인공처럼 되고자 하는 부분은 문제가 좀 있어 보인다. 늘 우리는 아무도 알아주지 않는 자리에 있는 것이 익숙해서인지 주님께서 우리를 지목하시는 순간에도 검지 손가락으로 얼굴을 가리키면서 의아하게 생각한다.

"누가요, 제가요?"

그러나 로마서 11장 29절 말씀은 하나님의 은사와 부르심에는 후회가 없다고 증언한다.

하나님은 우리보다 우리를 더 잘 아신다.

예수님께서 요한을 다시 찾아가신 이유는 커피 한 잔의 여유를 갖거나 단순히 치얼업(cheer up)을 하기 위함이 아니었다. 주님께서는 그에게 큰일을 맡기시려고 찾아가셨다.

사명은 끝나지 않았다.

2. 두루마리에 써서

주의 날에 요한은 나팔 소리와 같은 음성을 들었다.

두루마리에 써서 … (계 1:11).

대체로 신학자들은 요한복음이 AD 85년에, 그리고 요한일서·이서·삼서는 85년과 95년 사이에 집필되었을 것으로 보고 있다. 그렇다면 시기적으로 볼 때 요한계시록은 마지막에 요한이 밧모섬에 있을 때 혹은 석방된 직후, 즉 95년경에 기록했다는 계산이 나온다.
"또다시 글을 쓰라고요?
왜요?
내가 그동안 쓴 게 얼마나 많은데 … 됐어요."
나에게 있어서 "두루마리에 써서"(Write in a book)라고 하는 이 말씀은 각별한 의미가 있다. 하나님은 나에게 글을 쓰는 은사를 주셨다. 그런데 대학 시절 통번역학을 공부할 때만 해도 하나님께서 나를 문서 사역의 길로 인도하실 것이라는 사실은 꿈에도 몰랐다.

한국에서 신학을 공부하던 시절 나는 중남미에 강력한 부흥 운동이 일어나고 있다는 소식을 접하게 되었고, 어떻게 하다 보니까 이를 대표하는 책 한 권을 1999년에 출간하기에 이르렀다. 출판사에 가서 책을 처음으로 받아 본 순간 나는 온 세상을 얻어 날아갈 것 같은 기분이었다.

그날 밤 나는 집으로 돌아와 감사의 뜻으로 책을 가슴에 품고 깊은 잠에 빠졌다. 바로 그날 밤 주님이 나를 찾아오셨다.

"몇 권을 원하느냐?"

순간 나는 주변을 두리번두리번 둘러보았고, 때마침 오른편에 있던 책장이 눈에 들어와 책을 세기 시작했다.

'어?

책장에 몇 권이 들어가지?

어디 한번 세어 보자.'

어느 한순간에 이르러 더 이상 셀 수 없게 되자 하나님께 이렇게 외쳤다.

"주님, 100권을 원합니다!"

놀라운 것은 꿈에서 깨어나자마자 바로 내 오른편에 책장이 진짜로 있었다는 것이다. 너무나도 신기한 나머지 몸을 일으켜 다가가 세어 보기 시작했는데, 표준 사이즈(standard size)를 기준으로 약 300권 정도가 들어간다는 것을 그때 처음 알게 되었다.

나는 두 번 다시 이런 기적이 없을 것으로 생각했는데, 그 꿈을 꾸고 난 이후 '아, 또다시 책을 내겠구나' 하는 확신을 품게 되었다.

그 이후로 20여 년이 흘렀다. 지금까지 하나님의 은혜로 나는 한국어 그리고 스페인어로 역서 40여 권 그리고 저서 25권을 발간했다.

만일 20년 전에 목회 사역과 함께 문서 사역을 병행하게 될 것이라고 누군가 말했더라면 나는 믿지 않았을 것이다. 그러나 하나님은 우리를 부르실 때 은사와 재능도 덩달아 부어 주신다. 그러므로 미리 걱정할 것도 앞서 염려할 필요도 없다. 하나님이 부르셨으면 책임도 지신다.

아브라함이 별을 셋 듯이 나는 책을 센다. 사실 100권의 책이라는 것도 알고 보면 그렇게 대단한 일도 아니므로 이 같은 목표를 꼭 달성해야겠다는 인간적 욕심 따위는 없다. 단, 하나님께서 주신 비전이라면 반드시 이루어질 것이라는 믿음은 있다. 결국, 내가 하는 것이 아닌 내 안에 살아 계신 주님이 하시는 것이므로 자랑할 것이 하나도 없다.

모든 것이 하나님의 은혜다.

사역 초기 나는 중남미 3개국이 모이는 국경 지대의 정글에 집회를 인도하러 간 적이 있다. 그때 들이마신 상쾌한 공기가 아직도 나의 폐 건강을 지켜 주고 있지 않나 하는 생각을 들 정도로 맑았다.

그런데 나를 놀라게 한 것은 생전 처음 보는 사람에게 한 권의 책을 보이며 나를 반기는 그 교회의 목사님이었다. 그 책은 다름 아닌 몇 년 전에 내가 쓴 책이었다. 이런 경우는 처음인지라 사인(sign)과 함께 몇 글자를 어렵게 적는 내내 얼굴이 뜨거워졌다.

책이라는 것에는 뭔가 말로 표현하기 힘든 묘미가 있다. 책은 그 특성상 작가가 다다르지 못하는 곳에 이른다.

이 때문일까?

하나님은 '성경'이라는 '책'을 통해 우리에게 말씀하신다.

마지막 날 우리의 천국 입성이 한 권의 책에 달려 있다는 것을 알고 있는가?

> 오직 어린 양의 생명책에 기록된 자들만 들어가리라 (계 21:27).

이 때문에 예수님은 또다시 집필 경험이 많았던 베테랑 작가 사도 요한에게 부탁하셨다. 책은 우리가 사는 이 지구 어느 한구석에 외롭게 자신이 겪은 트라우마(trauma)와 씨름하고 있는 영혼에 잔잔한 위로를 줄 수 있는 거의 유일한 통로라고 해도 과언이 아닐 것이다. 그래서인지 하나님은 또다시 요한에게 두루마리, 즉 책을 써서 일곱 교회에 보내라고 촉구하셨다.

당신을 향한 하나님의 계획은 아직 미완성이다.

아직 끝나지 않았다.

진행 중이다.

어쩌면 당신의 사명은 다른 곳에 있을 수 있다. 모두가 다 책을 써야 하는 것이 아니다. 하나님께서 당신을 지금 교육, 기업, 정치, 경제, 문화, 예술, 스포츠, 정보통신, AI(인공지능) 등 어떤 분야인지는 정확하게 알 수 없지만, 부르고 계심은 틀림없다.

Re-인카운터 다음에는 사명이라는 공식이 따른다.

사명을 깨달을 때 우리는 왜 이 땅에 태어났는지 비로소 알게 된다. 목적 있는 인생을 살기 시작한다. 사도 요한처럼 다시 살기 위해 예수님의 발 앞에서 죽어야 한다.

어쩌면 당신은 시기적으로 부적절하며 적임자가 아니라고 생각할지도 모른다. 그러나 하나님의 부르심을 받은 모든 성경 인물 역시 Re-인카운터 시 당신과 같은 감정이었다.

그러므로 더 이상 낭비할 시간이 없다.

주춤하다가는 기회를 놓쳐 버리고 만다.

바로 지금이 은혜를 받을 만할 때고 오늘이 구원의 날이다. 세월이 흘러 언젠가 하나님의 품에 안긴 시기가 이르렀을 때 믿음으로 이렇게 고백할 수 있기를 기도한다.

"나는 이 땅에서 하나님께서 시키신 일, 즉 사명을 다 이루고 떠난다."

3. 사명이 있을 때 인생도 의미 있다

성경 한 중심에는 소선지서가 삽입되어 있다. 소선지서란, 호세아, 요엘, 아모스, 오바댜, 요나, 미가, 나훔, 하박국, 스바냐, 학개, 스가랴, 말라기를 가리킨다. 그런데 여기에 흥미로운 공통점이 하나 발견된다. 그것은 이 선지자들의 이야기가 사명 중심으로 구성되어 있다는 점이다.

호세아를 보자.

> 브에리의 아들 호세아에게 임한 여호와의 말씀이라(호 1:1).

요엘의 자기 소개서를 주목하라.

> 브두엘의 아들 요엘에게 임한 여호와의 말씀이라(욜 1:1).

아모스는 이렇게 시작한다.

> 드고아 목자 중 아모스가 이스라엘에 대하여 이상으로 받은 말씀이라(암 1:1).

오바댜 역시 같은 맥락에서 이렇게 말한다.

> 오바댜의 묵시라(옵 1:1).

요나를 보라.

여호와의 말씀이 아밋대의 아들 요나에게 임하니라(욘 1:1).

미가도 마찬가지다.

모레셋 사람 미가에게 임한 여호와의 말씀 곧 사마리아와 예루살렘에 관한 묵시라(미 1:1).

나훔 1장 1절을 읽어보라.

니느웨에 대한 경고 곧 엘고스 사람 나훔의 묵시의 글이라(나 1:1).

하박국의 차례다.

선지자 하박국이 묵시로 받은 경고라(합 1:1).

스바냐를 볼까?

아몬의 아들 유다 왕 요시야의 시대에 스바냐에게 임한 여호와의 말씀이라 (습 1:1).

학개는 사명 받기 전 아무것도 안 한 것처럼 되어 있다.

> 다리오 왕 제이년 여섯째 달 곧 그달 초하루에 여호와의 말씀이 선지자 학개로 말미암아(학 1:1).

스가랴 역시 자신이 태어난 시기가 아닌 사명 받았을 때부터 글을 쓰기 시작한다.

> 다리오 왕 제이년 여덟째 달에 여호와의 말씀이 잇도의 손자 베레갸의 아들 선지자 스가랴에게 임하니라(슥 1:1).

마지막 열두 번째 타자로 선지자 말라기가 등장한다.

> 여호와께서 말라기를 통하여 이스라엘에게 말씀하신 경고라(말 1:1).

이 정도면 눈치챘을 것이다.
한마디로 소선지서의 중심은 사명이다.

소선지자들이라고 해서 유년기가 없었을까?
그런데 왜 그들은 사명 받은 이후의 삶만 기록했을까?
또한, 사명을 이루고 난 이후 어떻게 살았는지를 왜 생략했을까?

여기에 숨겨진 메시지가 있다.
당신의 인생은 오직 거룩한 사명에 순종으로 반응할 때 의미가 있다. 즉, 사명이 있을 때 인생도 의미가 있다.

인간은 Re-인카운터를 경험하는 순간 그동안의 수수께끼가 풀리기 시작한다. 사명 받고 난 후 왜 하나님께서 이렇게 우리를 인도하셨는지를 비로소 공감하며 고개를 끄덕이게 된다.

그동안 뿔뿔이 흩어진 조각들이 '사명'이라는 원대한 예술작품 중심으로 한곳에 모이는 것이라고나 할까?

이제는 모든 것이 이해된다.

> 지금은 알지 못하나 이후에는 알리라(요 13:7).

그동안의 아픔, 상처, 고난마저!
'아, 그래서 그러셨구나!
그게 아니었더라면 오히려 큰일 날 뻔했네!
이게 이렇게 될 줄이야!'

4. 인생에도 차원이 있다

요즘 들어 인생은 생각보다 참 짧다는 생각을 많이 한다. 망설이기에는 우리 인생이 너무 아깝다. 인생에도 차원이 있다.

1차원은 하나의 점을 다른 점과 잇는 선(line)인데, 이는 생물학적 활동에 제한된 삶을 가리킨다. 즉, 먹고 자고 하는 것 외에 별로 하는 게 없다. 1차원 인생의 최대 목표는 '즐감'하는 인생이다.

아는 게 그것밖에 없으니까!

2차원은 평면(plane)인데, 1차원의 길이에 너비라는 개념이 추가된다. 그러므로 2차원 인생은 1차원보다는 낫지만, 여전히 삶의 전쟁터에서 생존하는 것에만 몰두하는 인생이다.

'나는 언제 저렇게 살아보지?'

비교하며 비관한다.

2차원 인생의 최대 목표는 인생을 좀 더 편안하게 사는 것이다.

3차원은 여러 개의 평면을 합한 입체(cube)다. 3차원은 길이와 너비에 깊이라는 개념이 추가되므로 1-2차원 인생과는 비교가 안 될 정도로 부와 명예를 누리는 인생이라고 할 수 있다.

돈이 돈을 벌어오는 경제적 자유, 10억 이상의 노후자금, 끊이지 않는 강연 요청!

생각만 해도 기분이 좋아진다.

그러나 인생은 거기서 끝나지 않는다.

우리 믿는 사람들은 노후대책을 넘어 사후대책에 신경을 쓰지 않을 수 없다. 이게 바로 4차원 인생이다.

4차원은 물리학에서 초입체(hypercube)로 표현되는데, 우리 크리스천 세계관의 관점에서 볼 때 물리 세계를 초월하여 존재하는 것은 영적 세계밖에 없다.

당신은 몇 차원 인생인가?

사명을 따라 사는 당신은 4차원 인생이다.

어쩌면 셀럽들이 출현하는 E! 채널이 아님.

전 세계 갑부들을 소개하는 잡지 포브스(Forbes)에 내 이름이 거론되지 않을 수도 있다. 10만 구독자를 달성하지 못해 모 기업으로부터 스폰서로 주목받지 않는 평범한 인플루언서로 남을지도 모른다.

그러나 우리는 세상의 기준을 따라 이 땅을 살아가는 사람들이 아니고, 선하시고 기뻐하시고 온전하신 하나님의 뜻을 좇아 사는 영적인 사람들이다.

그 와중에 사람들이 우리의 노고에 박수를 보내 주면 감사할 일이지만, 만일 아무도 알아주지 않는다고 하더라도 하늘에 상급이 있음을 믿고 있기에 감사할 따름이다. 하나님을 믿는 자녀들의 삶의 기준점은 오직 하나님의 말씀이다.

사도 바울은 당신이 흙수저로 태어나 지금까지 어떻게 해서 수십억의 자산가가 되었는지, 프리미엄을 지급하면서까지 최근에 분양받은 아파트의 브랜드 가치와 평수가 어떻게 되는지, 어느 외제 차를 타고 다니는지에 대해 별로 관심이 없다.

그는 오히려 영적 거인답게 어떻게 하면 다음 세대에 발자국을 남길 것인가를 고민하면서 사명을 따라 사는 당신에게 다음과 같은 해결책을 제시하고 있다.

> 무명한 자 같으나 유명한 자요 죽은 자 같으나 보라 우리가 살아 있고 징계를 받는 자 같으나 죽임을 당하지 아니하고 근심하는 자 같으나 항상 기뻐하고 가난한 자 같으나 많은 사람을 부요하게 하고 아무 것도 없는 자 같으나 모든 것을 가진 자로다(고후 6:9-10).

인생을 살다 보면, 분위기에 압도당할 때가 있다.
상처가 아물지 않을 때가 있다.
주저앉고 싶을 때가 있다.

그러나 하나님께서 허락해 주신 인생인 만큼 우리의 나날들은 결코 헛되지 않다.

모든 것을 합력해 선을 이루시는 하나님께서는 우리의 문제보다 더 큰 사명을 향해 한 걸음 한 걸음 나아가는 우리의 인생을 응원해 주신다.

도미니카 공화국 출신의 릴리 굿맨(Lilly Goodman)이라는 CCM 가수가 있는데, 〈결국엔〉(In the end)이라는 은혜로운 찬양이 있어 소개한다.

가사 내용은 우리 인생의 모든 순간이 하나님의 뜻 안에 있고, 하나님은 모든 것을 합력해 선을 이루시는 분이므로 오늘보다 좋은 내일이 우리를 기다리며, 결국 주님 안에서 형통할 것이라는 믿음과 위로의 메시지다.

I've been through some pain and some suffering

It's beaten me down so relentlessly

That's when I started to wonder

About where you were

Been asking myself if you're even there

Been looking for answers to no avail

I ven started to wonder

If you even care

But now I see

You were allowing me to learn for a season
Now I believe
That you work all things for my good

And in the end we'll see
The greater glory that will be
That is cannot be compared
To this present suffering
You've always been with me
God your word has been unfailing
And you have never left me
My confidence will only rest in you

제10장

하나님의 계획은 크다

> 그러므로 네가 본 것과 지금 있는 일과 장차 될 일을 기록하라 네가 본 것은 내 오른손의 일곱 별의 비밀과 또 일곱 금 촛대라 일곱 별은 일곱 교회의 사자요 일곱 촛대는 일곱 교회니라(계 1:19-20).

1. 하나님의 구원 계획

요한은 예수 그리스도께서 맡기신 사명의 중요성을 처음부터 100퍼센트 다 이해하지 못한 듯하다. 그의 사명은 다름 아닌 지구 종말과 심판 그리고 영생에 관한 내용을 책으로 펴내서 각 교회에 보내는 데 있었다.

이것이 바로 계시(Revelation), 즉 요한계시록이다!

이 콘텐츠가 얼마나 중요한지 약 703,000일 이후에 당신과 나는 이 책을 읽고 있다!

굉장하지 않은가?

하나님의 생각은 인간의 생각과 다르고, 하나님의 길은 우리의 길과 다르다.

당신을 향한 하나님의 계획은 당신뿐만 아니라, 한 세대에서 다음 세대로 언어, 문화, 인종, 사회 계층을 초월해 확장되는 큰 계획이다. 바울은 이렇게 말했다.

> 하나님이 자기를 사랑하는 자들을 위하여 예비하신 모든 것은 눈으로 보지 못하고 귀로 듣지 못하고 사람의 마음으로 생각하지도 못하였다 함과 같으니라(고전 2:9).

하나님의 계획은 작게 시작한다.
그러나 거기서 그치지 않는다.
하나님의 구원 계획이 어떻게 온 인류 역사 가운데 확장되었는지 간략하게 살펴보면 좋겠다. 이 구원 계획이 중요한 이유는 이 마스터 플랜(master plan) 안에 당신과 내가 있기 때문이다.

첫째, 하나님의 구원 계획은 한 사람으로 시작된다.

> 아벨은 자기도 양의 첫 새끼와 그 기름으로 드렸더니 여호와께서 아벨과 그의 제물은 받으셨으나(창 4:4).

둘째, 곧이어 한 개인의 삶에 시작된 구원 계획이 어떻게 가족 단위로 확장되는지를 주목하라.

> 너희는 이스라엘 온 회중에게 말하여 이르라 이 달 열흘에 너희 각자가 어린 양을 잡을지니 각 가족대로 그 식구를 위하여 어린 양을 취하되(출 12:3).

> 주 예수를 믿으라 그리하면 너와 네 집이 구원을 얻으리라(행 16:30).

셋째, 하나님의 구원 계획이 가족 단위에서 그치지 않고 이제는 민족 단위로 확장된다.

> 이는 너희가 영원히 지킬 규례라 이스라엘 자손의 모든 죄를 위하여 일 년에 한 번 속죄할 것이니라 아론이 여호와께서 모세에게 명령하신 대로 행하니라(레 16:34).

넷째, 모든 사람이 구원을 받으며 진리에 이르기를 원하시는 하나님께서는 마침내 그분의 아들 예수 그리스도를 통해 그분의 구원 계획을 온 인류로 확장하셨다.

> 이튿날 요한이 예수께서 자기에게 나아오심을 보고 이르되 보라 세상 죄를 지고 가는 하나님의 어린 양이로다(요 1:29).

> 영접하는 자 곧 그 이름을 믿는 자들에게는 하나님의 자녀가 되는 권세를 주셨으니(요 1:12).

> 누구든지 주의 이름을 부르는 자는 구원을 받으리라(롬 10:13).

이 놀라운 구원 계획 속에 하나님은 요한을 끌어당기셨다. 아마 노년에 이른 요한은 다음과 같은 형식적 기도를 매일같이 드리지 않았을까 하는 생각을 해 본다.

"주님, 내가 하루속히 석방되어 주의 복음을 예전과 같이 다시 전하게 하소서!
하나님, 나의 고통을 하감해 주사 이 종으로 은혜를 받게 하소서.
하늘에 계신 아버지여, 내가 당신의 품에 안길 때까지 평안을 허락하소서!"

요한의 입장에서 보면, 이 같은 기도를 비난할 수만은 없을 것이다. 하나님께 살려 달라고 하는 기도, 도와 달라는 기도를 나무랄 수는 없다.

그러나 하나님은 우리가 일상에서 누리는 은혜를 초월하는 계시를 주신다. 자신의 고난 그 너머를 보지 못했던 욥에게 하나님께서 창조의 신비와 웅장함과 아름다움을 보여 주셨던 것처럼, 자신이 처한 현재 상황 그 이상을 생각할 여유가 없는 요한에게 마지막 날들에 대한 환상을 보여 주셨다.

하나님은 요한에게 지구 종말과 영생에 관한 계시를 보여 주심으로 그가 갖고 있던 인생의 패러다임(paradigm)을 완전히 바꿔 놓으셨다.

> 또 그가 내게 말하기를 이 말은 신실하고 참된지라 주 곧 선지자들의 영의 하나님이 그의 종들에게 반드시 속히 되어질 일을 보이시려고 그의 천사를 보내셨도다 보라 내가 속히 오리니 이 두루마리의 예언의 말씀을 지키는 자는 복이 있으리라 하더라 … 또 내게 말하되 이 두루마리의 예언의 말씀을 인봉하지 말라 때가 가까우니라 … 내가 이 두루마리의 예언의 말씀을 듣는 모든 사람에게 증언하노니 만일 누구든지 이것들 외에 더하면 하나님이 이 두루마리에 기록된 재앙들을 그에게 더하실 것이요 만일 누구든지 이 두루마리의 예언의 말씀에서 제하여 버리면 하나님이 이 두루마리에 기록된 생

> 명나무와 및 거룩한 성에 참여함을 제하여 버리시리라 (계 22:6-7, 10, 18-19).

놀라운 것은 이 하나님의 구원 계획 안에 당신과 내가 있다는 것이다. 하나님의 계획은 무산되는 법이 없다.

> 내 입에서 나가는 말도 이와 같이 헛되이 내게로 되돌아오지 아니하고 나의 기뻐하는 뜻을 이루며 내가 보낸 일에 형통함이니라 (사 55:11).

아멘!
내가 빈나이다!
우리가 쓰고 있는 모든 소문자(a)는 하나님의 계획 안에서 대문자(A)가 된다.
내가 가는 모든 길은 성령의 인도하심이 된다.
내가 사는 하루하루는 하나님의 섭리가 된다.

2. 당신이 받은 은혜가 당신이 생각하는 은혜가 아닐 수도 있다

여기서 잠시!
하나님의 선하시고 기뻐하시고 온전하신 뜻이 우리의 생각과 꼭 일치된다는 보장은 성경 어디에도 없다. 당신은 이 구원 계획이 단맛이라고 생각하며 좋아했는데, 막상 뚜껑을 열고 보니 쓴맛을 낼 수도 있다는 말이다.
이게 도대체 무슨 말인가?

하나님의 계획이 크다고 하는 것을 많은 사람은 출세와 부요함 그리고 명예와 결부시킨다.

어떤 의미에서 보면, 우리 기독교인들 사이에서마저 사회적으로 볼 때 나름대로 출세하고 성공한 사람들을 치켜세우며 소위 말하는 '축복'을 받았다고 칭송하는 분위기가 약간 있다. 물론 상당한 경우는 복을 받은 것이 맞다. 그러나 그런 유형의 간증을 동영상으로 시청하는 대부분 크리스천은 이렇게 반응한다.

"정말 대단하네!"
"나는 언제 저렇게 되지?"
"하나님, 저도 좀 더 사랑해 주시면 안 될까요?"

이 같은 묘한 감정이 생성되는 이유는 의외로 단순하다. 결론부터 공개하면, 세상 기준으로 '축복'을 임의로 재해석하려는 인간의 욕심이 그 원인이다.

세상의 가치관으로 인생을 보면, 우리가 속해 있는 이 사회는 극소수만이 정점에 서는 이른바 피라미드(pyramid) 구조로 되어 있다.

그러나 하나님 나라의 가치관은 정반대다. 모두가 동등하다. 천국을 향해 가는 우리에게 있어 SKY 졸업장을 수여받고, 명품으로 치장하고, 대기업에 취직해 억대 연봉을 누리고, 수십 억대 자산을 운용하고, 외제 스포츠카를 몰고 … 이런 게 영원이라는 관점에서 보면 별로 의미가 없다. 있으면 좋지만, 없어도 그만이다.

성경은 목표 없는 부를 축적하는 것에 대해 긍정적 견해를 보이지 않는다.

> 아브라함이 이르되 얘 너는 살았을 때 좋은 것을 받았고 나사로는 고난을 받았으니 이것을 기억하라 이제 그는 여기서 위로를 받고 너는 괴로움을 받으리라(눅 16:25).

> 또 내가 내 영혼에게 이르되 영혼아 여러 해 쓸 물건을 많이 쌓아 두었으니 평안히 쉬고 먹고 마시고 즐거워하자 하리라 하되 하나님은 이르시되 어리석은 자여 오늘 밤에 네 영혼을 도로 찾으리니 그러면 네 준비한 것이 누구의 것이 되겠느냐 하셨으니 자기를 위하여 재물을 쌓아 두고 하나님께 대하여 부요하지 못한 자가 이와 같으니라(눅 12:19-21).

이런 의미에서 세상은 상위 1퍼센트 특권층만이 누릴 수 있는 배타적(exclusive) 문화를 부추긴다. 그러나 하나님 나라의 가치는 모두가 누릴 수 있는 포용적(inclusive) 문화다.

이제 생각을 정리하자.

마리아를 보라.

가브리엘 천사는 정혼하지 않은 여인에 잉태할 것이라는 사실을 알리기 위해 나타났다.

> 은혜를 받은 자여 평안할지어다 주께서 너와 함께 하시도다(눅 1:28).

여기서 '은혜'(charis)라는 단어를 주목하라.

은혜란?

"죄인인 사람에게 하나님이 거저 베푸시는 사랑과 긍휼이며 이것은 그분의 아들 예수 그리스도를 통한 구원 계획 안에서 확연히 드러났다"고 하는 것이 사전적 정의다.

포스트모던 시대를 살아가는 성숙하지 못한 크리스천들에게 있어 은혜는 사업이 잘 되고, 직장에서 승진하고, 재테크에 성공하며, 병들지 않고, 남들한테 떵떵거리고(?) 사는 것이다.

그럴 리가 없겠지만, 혹시 당신 주변에 이 같은 생각을 하는 이들이 있다면, 마리아가 받은 은혜를 다시 한번 묵상해 보기를 권한다.

2천 년 당시 '유대'라는 보수적 문화 가운데 정혼도 하지 않은 처녀가 아들을 낳을 것이라는 말은 결코 '은혜'가 아니었다. 은혜를 받은 마리아의 반응을 보라.

> 처녀가 그 말을 듣고 놀라 이런 인사가 어찌함인가(눅 1:29).

여기서 "놀랐다"는 말은 문자 그대로 번역하면 '심한 혼란에 빠졌다'는 뜻이다. 이런 거 보면, 성경이 채택하는 언어 사용이 참 신사적이라는 생각이 든다.

우리말 성경에는 심한 혼란에 빠졌다는 말을 그저 놀랐다고 했으니 말이다.

마리아가 이렇게 반응했다고 재해석하면 과장된 표현일까?

'이건 또 뭐요?

속이 뒤집히겠네!

뭐가 어쩌고 어째?'

마리아가 이렇게 반응할 수밖에 없는 콘텍스트(context), 즉 상황이 있다. 그런데도 천사 가브리엘은 이렇게 안심시켜 주었다.

마리아여 무서워하지 말라 네가 하나님께 은혜를 입었느니라(눅 1:30).

"아니, 자꾸 당신은 내게 '은혜,' '은혜'라고 하는데, 내가 무슨 은혜를 받았다는 거예요?

나는 일단 결혼의 축복을 받고 싶단 말이에요!

남들처럼 행복을 가정을 꾸리고 사업이 잘 되어서 돈도 많이 벌고 싶단 말이에요!"

직설적으로 말하면, 우리가 생각하는 은혜와 성경이 말하는 은혜가 다를 수도 있다.

당신이 받은 은혜가 당신이 생각하는 은혜가 아닐 수도 있다.

그래도 당신은 은혜를 받겠는가?

마리아는 결혼하지도 않은 15세의 처녀였다. 약혼남이 결혼할 날을 손꼽아 기다리면서 멀쩡하게 있는데, 하나님의 아들을 잉태한다고 하니 정말 죽을 맛이었을 것이다.

'이것을 요셉에게 어떻게 알리지?

사회에서 매장당할 텐데 … 큰일 났네.

이제 나 어떡해.'

이것이 마리아가 받은 은혜의 전부가 아니었다. 모세의 법대로 정결 예식을 치르기 위해 아기 예수님을 데리고 예루살렘 성전에 이르자 시므온이라는 의롭고 경건한 사람이 예언했다.

칼이 네 마음을 찌르듯 하리니(눅 2:35).

아니나 다를까, 예수님은 공생애 사역을 시작하기 위해 마리아의 품을 떠났다. 맏아들이 밥은 잘 먹고 건강하게 잘 지내는지를 확인하기 위해 찾아 나선 그녀에게 돌아온 것은 차가운 반응이었다.

> 누가 내 어머니이며 내 동생들이냐 … 누구든지 하늘에 계신 내 아버지의 뜻대로 하는 자가 내 형제요 자매요 어머니이니라(마 12:48, 50).

갈보리 언덕 위에서 신음하고 있는 아들의 입술에서 나온 말은 요한을 가리키면서 "여자여 보소서 아들이니이다"(요 19:26)라는 것이었다.

마리아는 자신이 받은 은혜가 이렇게 큰 고통과 아픔 그리고 버림받음이 동반될 것이라고 상상하지 못했을 것이다. 그러나 이 때문에 마리아의 믿음이 더욱더 돋보이는 것이다.

> 주의 여종이오니 말씀대로 내게 이루어지이다(눅 1:38).

은혜를 받은 또 다른 인물로는 요한의 형제 야고보가 있다. 그는 자신이 어떤 은혜를 받았는지에 대해 이렇게 말한다.

> 나는 어부 출신입니다. 어릴 때부터 성격이 조급했기 때문에 어머니는 나에게 항상 앞으로 큰일을 할 사람이라고 하시면서 머리를 쓰다듬어 주곤 하셨지요. 그러나 매사에 객관적이고 엄격하셨던 아버지는 나에게 특별한 재능이 없다고 하시면서 요한을 따라 어부 노릇을 하라고 타이르셨습니다.

그러던 어느 날 예수라는 분이 우리 형제를 부르셨습니다. 이미 베드로에게 "네가 너를 사람을 낚는 어부가 되리라"라고 말씀하셨던 터라 그분에 대한 나의 기대는 남달랐습니다.

하루는 어머니가 예수님을 찾아가 당신의 나라가 임할 때 우리 형제를 하나는 주의 우편에, 하나는 주의 좌편에 앉게 해 달라고 부탁을 드린 적도 있었습니다. 그러나 예수님께서는 십자가를 지실 것을 우리에게 되새기시면서 사흘 만에 부활하신다고 거듭 말씀하실 뿐이었습니다.

예수님의 부활 승천 이후 우리는 모두 마가의 다락방에서 성령을 받기를 간절히 기도했습니다. 그러자 우리는 모두 새 사람으로 변화되어 주의 복음을 증거하자 놀라운 성령의 역사가 뒤따랐습니다.

과연 예수님의 말씀은 적중했습니다. 모든 사람이 우리를 찾았고, 수많은 병자가 고침을 받기도 했습니다. 나는 더 많은 역사를 보기를 원했습니다. 더욱 찬란한 것이 있을 것으로 생각했던 거지요.

그러나 나는 헤롯 아그립바왕에 의해 순교 당했습니다.

내가 원했던 은혜가 아니었습니다. 나는 계속해서 쓰임을 받고 싶었습니다.

그러나 스데반 집사가 순교해 초대 교회가 변혁기(행 7장)에 들어갔듯이 내가 순교함으로써 온 교회는 확장기(행 12장)에 들어가 온 천하에 복음이 전파될 수 있었습니다.

초대 교회의 새로운 시기가 도래하기 전에는 항상 순교의 피가 있었다.

스데반 집사라고 해서 살고 싶지 않았을까?

야고보라고 해서 다른 은혜를 받고자 하지 않았을까?

이 세상에 죽고자 하는 사람은 한 명도 없다.

그것도 돌을 맞거나 칼에 찔리면서까지 말이다!

그러나 하나님의 계획은 요한의 형제 야고보의 순교를 통해 초대교회가 확장기에 들어서는 것이었다.

사실 이 같은 '은혜'는 성경 전반에 걸쳐 나타나 있다. 어떻게 보면, 자신들이 기대했던 은혜와는 좀 거리가 있어 보인다. 그러나 그들은 하나님의 계획 안에 있음을 믿었기에 믿음의 경주를 완주했다.

> 이 사람들은 다 믿음을 따라 죽었으며 약속을 받지 못하였으되 그것들을 멀리서 보고 환영하며 또 땅에서는 외국인과 나그네임을 증언하였으니 (히 11:13).

3. 하나님의 뜻을 이루라

몇 년 전에 나는 페루의 지방 도시에서 큰 집회를 인도한 적이 있다. 나는 주로 중남미의 대도시를 중심으로 움직이기 때문에 그 지방 도시에 대해 별다른 관심을 두지 않았고, 사전 준비도 게을리했다. 그런데 도착하자마자 나를 반긴 것은 관중석을 가득 메운 축구 경기장이었다.

스페인어가 아닌 케추아어(quechua)로 진행된 예배는 나를 매우 당혹스럽게 만들었다.

한마디도 이해하지 못했지만, "예수는 우리를 깨끗케 하시는 주시니"라는 찬양 멜로디가 흘러나오자 나도 덩달아 따라 불렀다.

그리고 마침내 설교 끝에 수많은 잉카(Inca)인들이 눈물로 회개하고 기도를 받기 위해 강단 앞으로 몰려오는 모습을 보면서 얼마나 감격했는지 모른다.

2박 3일 야외집회가 진행되던 내내 구름 한 점 보이지 않을 정도로 날씨가 매우 화창했다. 순간 고개를 들어 하늘을 응시하며 하나님께 이런 침묵 기도를 드렸다.

'하나님, 내가 어떻게 하다 이런 곳까지 와서 주의 복음을 전하게 된 거지요?

"태어나서 처음으로 잉카 족에게 말씀을 전하고 있습니다.

이 정도면 다큐를 찍을 만한 콘텐츠입니다!'

누군가 나에게 "목사님, 혹시 젊은 시절부터 꿈꿔 왔던 것이 이런 것인가요" 하고 묻는다면, 나는 정직하게 "글쎄요, 아니요"라고 답할 것이다.

나는 조금 다른 모습으로 쓰임을 받을 줄 알았다.

우리를 향한 하나님의 생각은 우리의 생각과 다르다.

"그렇다면 목사님의 삶은 하나님의 계획 안에 있다는 것을 확신하십니까?"

이렇게 되묻는다면, 나는 1초도 지체하지 않고 "100퍼센트 확신합니다"라고 의심 없이 답할 수 있다.

영원을 향해 달려가고 있는 지금이라는 인생의 시점에서 나는 내 뜻을 이루는 것에 별로 관심이 없다. 이보다 하나님의 섭리가 중요하다.

나는 하나님의 계획이 정말 크다는 것을 알고 있다. 따라서 잠시 세상을 살면서 내 욕심을 이루기보다는 나를 향한 하나님의 섭리에 맡기면서 사는 것이 훨씬 좋다고 말할 수 있다.

하나님은 천대까지 은혜를 베푸신다고 하셨으므로 우리를 향한 하나님의 계획의 길이와 너비와 깊이를 전부 헤아릴 수는 없을 것이다. 평균 20년을 사는 사자에게 2만 년이라는 긴 세월을 아무리 설명해 줘도 소용없다.

아마 죽는 그 순간에도 우리가 그동안 어떻게 하나님의 손에 붙들려 쓰임 받았는지 깨닫지 못할 수도 있을 것이다. 외롭게 사망하든 사랑하는 가족이 지켜보는 가운데서 죽음을 맞이하든, 어쩌면 우리가 원대한 하나님의 계획에 참여했다는 것을 100퍼센트 이해하지 못할지도 모른다.

그러나 그것이 중요할 수는 없다. 핵심은 우리가 원했던 삶이 아닐지라도 하늘에 계신 우리 아버지의 뜻대로 인생을 만들어 나갈 때 하나님의 영광을 받으신다는 것이다.

그러므로 당신을 향한 하나님의 뜻을 이루라.

남을 모방하면서 인생을 낭비하지 말고, 하나님께서 디자인(design)하신 오리지널(original)이 되라.

창세전에 하나님께서 당신을 위해 예정하신 뜻을 이루면서 주의 성령과 동행하는 삶을 살라.

당신은 너무나도 귀한 인생이다.

하나님이 천국으로 나를 부르시는 그날까지 이 크고 넓은 지구 어딘가에서 나는 당신을 응원하고 있을 것을 약속한다.

주 예수의 은혜가 모든 자들에게 있을지어다 아멘(계 22:21).

예수 나를 오라 하네

예수 나를 오라 하네

어디든지 주를 따라

주와 같이 같이 가려네

I can hear my Saviour calling

I can hear my Saviour calling

I can hear my Saviour calling take

Thy cross and follow follow me

주의 인도하심 따라

주의 인도하심 따라

어디든지 주를 따라

주와 같이 같이 가려네

Where he leads me I will follow

Where he leads me I will follow

Where he leads me I will follow

I'll go with him with him all the way

에필로그

예수님과의 Re-인카운터 직후 사도 요한은 임박한 마지막 날들에 대한 예언을 기록하기 시작했다.

그의 마지막 작품은 일곱 교회를 위한 일곱 메시지(2-3장), 천상 예배(4장), 일곱 인(6장), 일곱 나팔(8-9장), 두 증인(11장), 두 짐승(13-14장), 일곱 대접(16장), 바벨론의 멸망(18장) 등 다양한 주제를 담고 있다.

이어서 마지막으로 천년왕국(20장), 새 예루살렘(21장) 그리고 그리스도의 재림(22장)에 관해 쓰기 전에 "사랑하시는 제자"라고 자칭하기를 좋아하는 요한은 또 다른 Re-인카운터를 경험했다. 그는 예수님의 모습을 이번에는 다음과 같이 묘사했다.

> 그 눈은 불꽃 같고 그 머리에는 많은 관들이 있고 또 이름 쓴 것 하나가 있으니 자기밖에 아는 자가 없고 또 그가 피 뿌린 옷을 입었는데 그 이름은 하나님의 말씀이라 칭하더라 … 그의 입에서 예리한 검이 나오니 그것으로 만국을 치겠고 친히 그들을 철장으로 다스리며 또 친히 하나님 곧 전능하신 이의 맹렬한 진노의 포도주 틀을 밟겠고 그 옷과 그 다리에 이름을 쓴 것이 있으니 만왕의 왕이요 만주의 주라 하였더라 (계 19:12-13, 15-16).

요한계시록 1장에 나타난 Re-인카운터와 일치하는 부분이 있다면?

눈이 불꽃같이 빛나는 것(계 1:14, 19:12), 그리고 입에서 예리한 검이 나오는 것이다(계 1:15, 19:15).

차이점이 있다면?

머리에 많은 관이 있고, 또 이름을 쓴 것이 하나 있는데 자기밖에 아는 이가 없다고 한 부분인데, 이 같은 대목은 요한계시록 1장에는 없다.

피 뿌린 옷 역시 첫 Re-인카운터 시 생략된 부분이다.

그리고 옷과 다리에 그의 이름, 즉 만왕의 왕이요 만주의 주라는 이름이 새겨진 대목이다.

이것은 또 다른 하나의 Re-인카운터다!

즉, 예수님을 지금까지 알지 못했던 새로운 차원에서 다시 만나는 것은 얼마든지 반복될 수 있다.

그런데 놀라운 것은 만날 때마다 새롭다는 것이다.

더욱더 깊다는 것이다.

새로운 것을 알게 된다는 것이다.

예수님은 사람이 아니므로 변함이 없으시다.

그러나 사도 요한은 Re-인카운터를 경험한 이후에도 더 높은 영적 차원에서 더 깊이 예수님을 다시 만났다!

더 이상 지체할 필요가 없다. 지금 당신이 감지하고 있는 변화된 이 영적 분위기는 주의 성령께서 가까이서 운행하고 계신다는 신호다. 그러므로 지금까지 경험해 보지 못한 새로운 영적 차원에서 찬란한 영광을 보며 예수님의 발 앞에 죽은 자처럼 엎드리라.

Re-인카운터를 한 번 경험하는 것으로 안주하지 말고, 사도 요한과 같이 계속해서 "내가 진실로 속히 오리라"(계 22:20)라고 말씀하신 "알파와 오메가"(계 1:8), "처음이요 나중"(계 1:17), "하나님의 말씀"(계 19:13), "만왕의 왕 만주의 주"(계 19:16) 되신 예수 그리스도를 더 높고 깊은 영적 차원에서 다시 만나라.

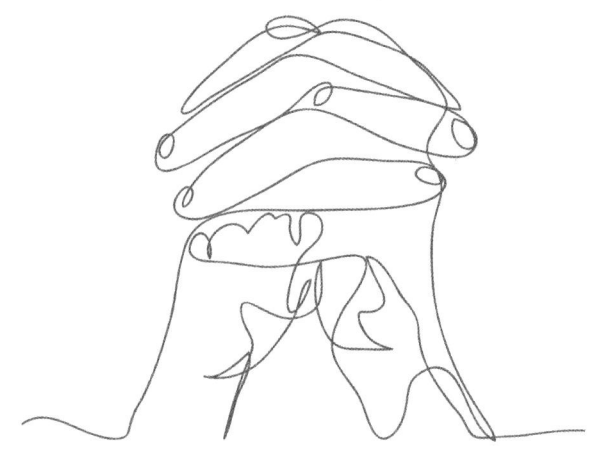